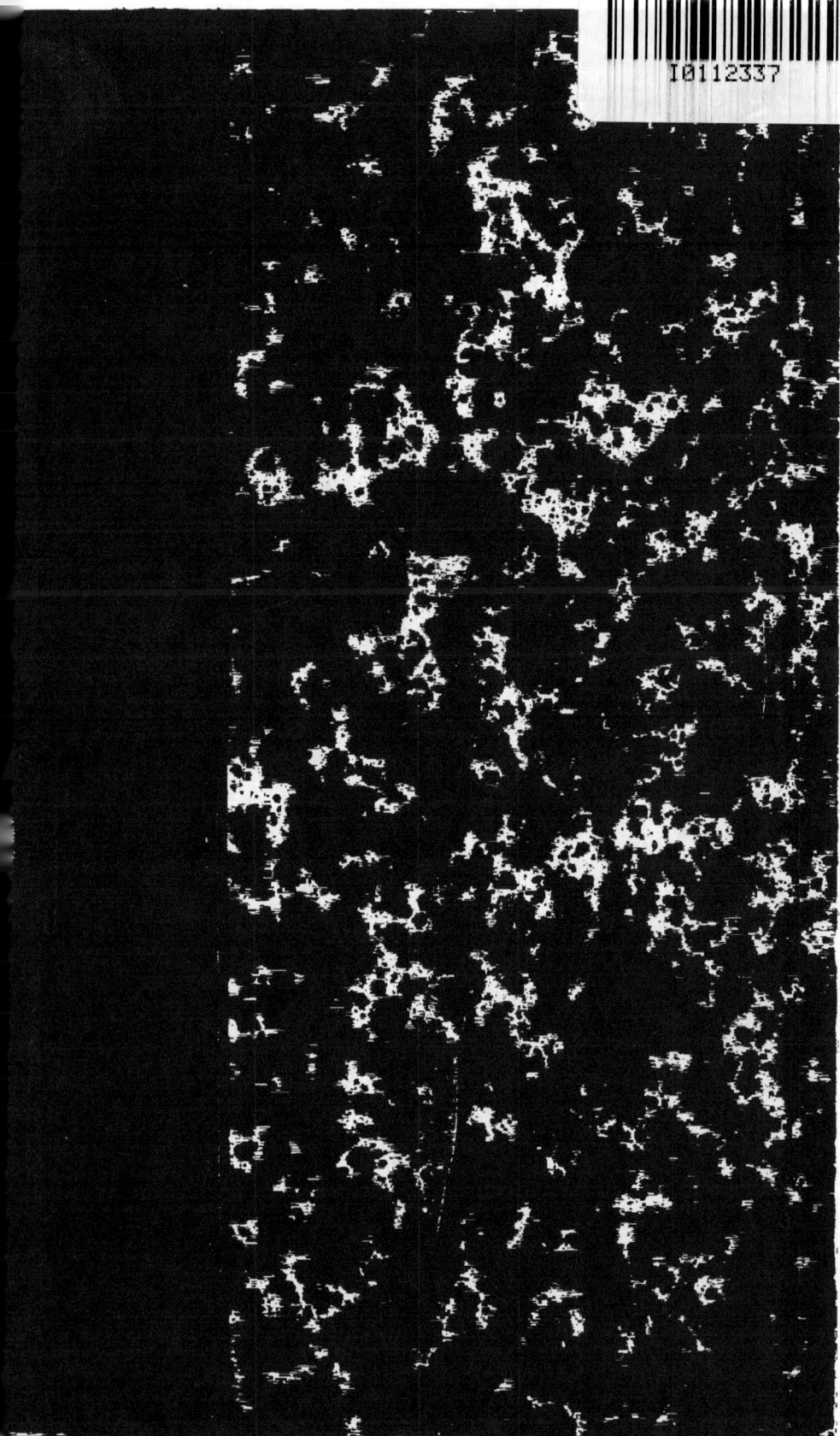

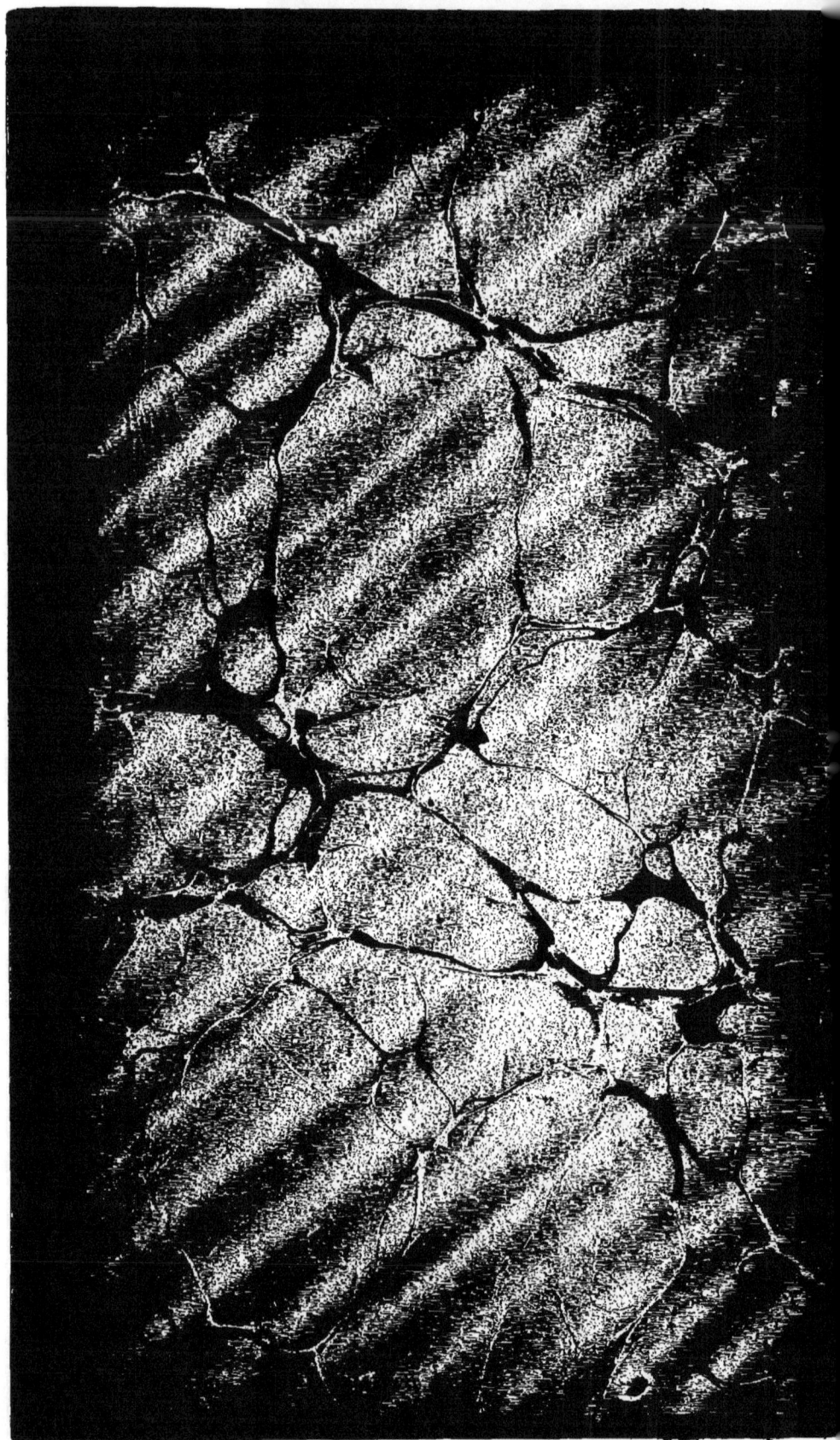

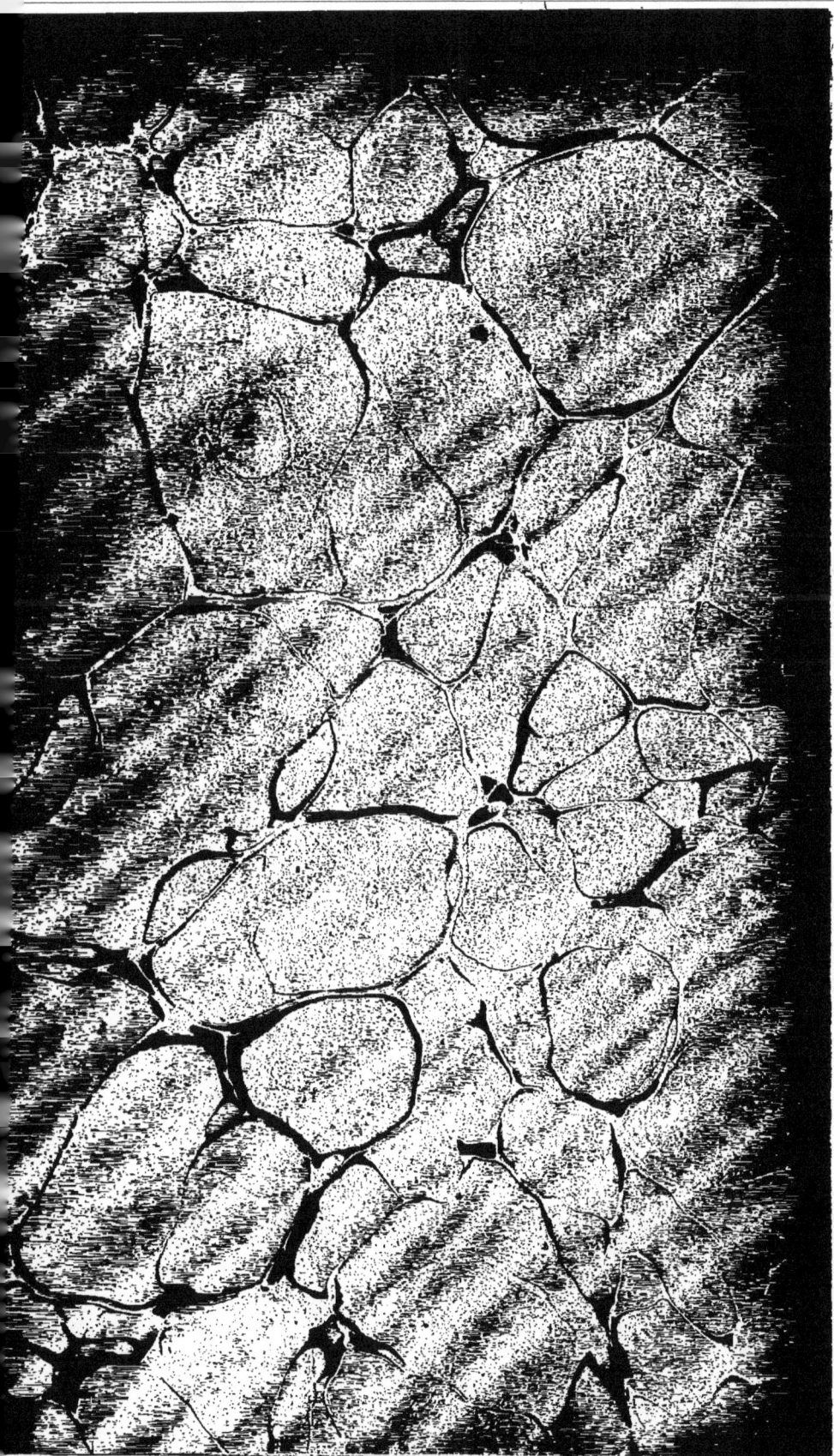

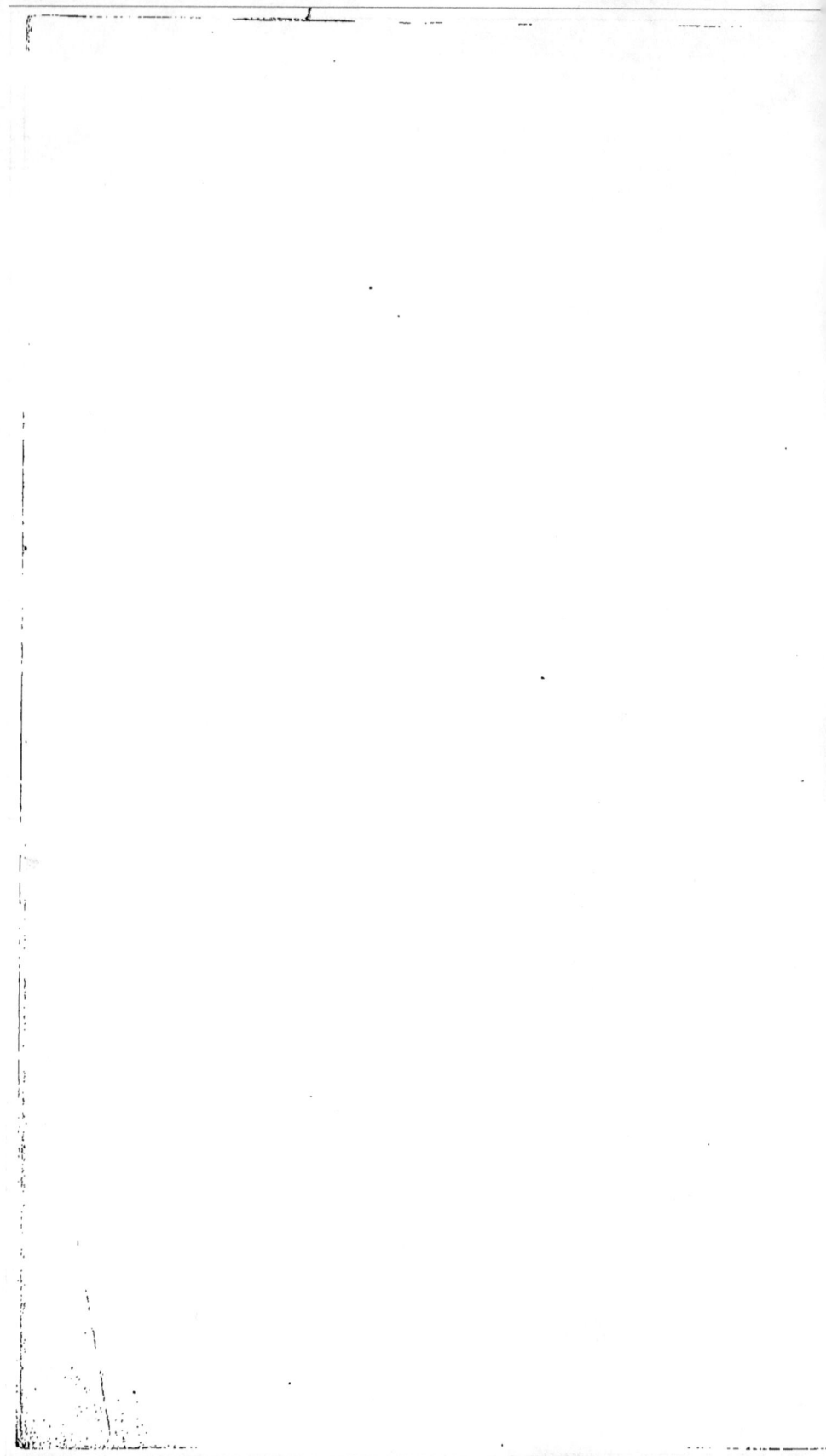

# LA
# Guerre

### DE

## 1870-71

## II

### Journées des 28 et 29 Juillet

### PARIS

## LIBRAIRIE MILITAIRE R. CHAPELOT et C°

#### IMPRIMEURS-ÉDITEURS

### 30, Rue et Passage Dauphine, 30

—

#### 1901

L A

# GUERRE DE 1870-71

---

## II

Journées des 28 et 29 Juillet

*Publiée par la* **Revue d'Histoire**

**rédigée à la Section historique de l'État-Major de l'Armée**

# LA
# Guerre

DE

# 1870-71

---

## II

### Journées des 28 et 29 Juillet

## PARIS
### LIBRAIRIE MILITAIRE R. CHAPELOT et Cᵉ

IMPRIMEURS-ÉDITEURS

**30, Rue et Passage Dauphine, 30**

—

1901

# SOMMAIRE

**Journée du 28 Juillet**............................................

**Journée du 29 Juillet**............................... 7

### Documents annexes.

Quartier général de l'armée................................. 16
Corps d'armée.............................................. 25
Garde impériale............................................ 125
Réserve de cavalerie....................................... 135
Artillerie de l'armée ...................................... 140
Renseignements............................................ 156

LA

# GUERRE DE 1870-1871

## Journée du 28 juillet.

*Le 28, Napoléon III, accompagné du Prince Impérial, arrive en gare de Metz à 6 h. 40 du soir, et fait son entrée dans la place, en voiture découverte, vers 7 heures, sans aucun apparat (1).*

*La proclamation suivante a été affichée sur les murs de Metz, et portée, par la voie de l'ordre, à la connaissance des troupes :*

Soldats,

Je viens me mettre à votre tête, pour défendre l'honneur et le sol de la patrie.

Vous allez combattre une des meilleures armées de l'Europe ; mais d'autres, qui valaient autant qu'elle n'ont pu résister à votre bravoure. Il en sera de même aujourd'hui.

La guerre qui commence sera longue et pénible, car elle aura pour théâtre des lieux hérissés d'obstacles et de forteresses ; mais rien n'est au-dessus des efforts per-

---

(1) Le maréchal Le Bœuf aux généraux et au préfet :

« L'Empereur défend toute réception et toute prise d'armes, au moment de son arrivée à Metz. Vous vous trouverez à la gare aujourd'hui, à 6 heures du soir, ainsi que le commandant de la place et l'intendant militaire de la division, en tunique et képi. »

sévérants des soldats d'Afrique, de Crimée, de Chine, d'Italie et du Mexique. Vous prouverez une fois de plus ce que peut une armée française animée du sentiment du devoir, maintenue par la discipline, enflammée par l'amour de la patrie.

Quel que soit le chemin que nous prenions, hors de nos frontières, nous y trouverons les traces glorieuses de nos pères. Nous nous montrerons dignes d'eux.

La France entière vous suit de ses vœux ardents et l'univers a les yeux sur vous. De nos succès dépend le sort de la liberté et de la civilisation.

Soldats, que chacun fasse son devoir, et le Dieu des armées sera avec nous !

Au quartier impérial de Metz, le 28 juillet 1870.

NAPOLÉON.

*L'Empereur s'est rendu directement à la préfecture. C'est là qu'est établi le Quartier Impérial, tandis que le Grand Quartier Général est installé, comme on l'a vu, à l'Hôtel de l'Europe.*

*Le souverain entre immédiatement en conférence avec le major général, les deux aides-majors généraux et le maréchal Bazaine, qui est venu de Boulay pour le saluer.*

*Il est mis au courant, alors, des déceptions, des déconvenues de toutes sortes éprouvées jusque-là : l'effectif sur lequel on avait compté est loin d'être atteint ; il se monte à peine, à l'heure qu'il est, à 200,000 hommes. Les réservistes, qui viennent lentement le grossir, arrivent en général sans tentes-abri, sans bidons ni marmites, parfois sans cartouches ; des différentes unités on réclame : matériel d'ambulance, parcs, voitures régimentaires, fours de campagne ; enfin le biscuit manque pour marcher à l'ennemi* (1).

---

(1) Le major général au Ministre de la guerre, à Paris :

« Le biscuit manque pour marcher en avant. Dirigez sans retard,

*On connaît le désir exprimé par l'Empereur, la veille, de voir le corps du général Douay venir occuper Strasbourg.*

*La dépêche suivante, adressée de Belfort le 28 juillet, à 1 heure du soir, par cet officier général au maréchal Le Bœuf, prouve que le 7ᵉ corps était encore loin, à ce moment, de pouvoir marcher à l'ennemi :*

Arrivé ce matin. Visité la place et les travaux du camp retranché. Pas de train régulier, commencé l'organisation d'un train auxiliaire. 1ʳᵉ division à Colmar, 17ᵉ chasseurs à pied, 3ᵉ, 47ᵉ et 21ᵉ de ligne arrivés sans tentes, et ustensiles de campement insuffisants. Le maréchal Mac-Mahon prévient que Strasbourg est épuisé. J'envoie un officier à Paris, pour demander l'établissement d'un magasin de campement à Belfort et l'envoi des voitures régimentaires et des harnais à Belfort. Arrivés : 4ᵉ hussards, 4ᵉ et 5ᵉ lanciers, 1 compagnie de génie, 3 batteries d'artillerie avec campement incomplet. Aucune nouvelle de la division Liébert, qui doit se former ici, ni de celle Dumont et brigade de cavalerie Ducoulombier, qui doivent se former à Lyon, pas plus que des deux compagnies du génie, ni du parc du corps d'armée qui font grand défaut.

*Il faut, dès lors, ajourner l'offensive rêvée ; et Napoléon III décide qu'il ira, le lendemain 29, à Saint-Avold, pour s'entretenir de la situation avec le général Frossard et se rendre compte par lui-même de l'état des troupes. Le soir même, le major général annonce, par dépêche télégraphique, cette décision au général Frossard (1).*

*Cependant, la marche en avant est toujours envisagée*

---

sur les magasins de Strasbourg, tout ce que vous avez dans les places de l'intérieur. »

(1) Au commandant du 2ᵉ corps à Saint-Avold, 10 h. 1/2 soir :

« L'Empereur sera demain, à 1 heure, à Saint-Avold. Répondez-moi que vous y serez. Point de réception officielle. Point de prise d'armes. »

*comme prochaine, et le maréchal Bazaine donne à ses troupes, à la date du 28 juillet, les instructions suivantes :*

MM. les généraux de division feront reconnaître sans retard, par leurs officiers d'État-Major, les routes et les grands chemins qui permettent de déboucher sur la frontière, afin qu'au moment de la marche en avant, on sache où l'on doit passer.

La 2e division d'infanterie fera spécialement reconnaître les environs de Teterchen, Hargarten, Falk. L'attention de l'officier chargé de cette reconnaissance se portera sur les ressources en eau qu'offrira le pays, et sur les débouchés de la forêt, entre Merten et Falk.

MM. les généraux de division emploieront les heures de la journée qui leur paraîtront les plus convenables, à faire faire à leurs troupes des marches militaires sac au dos. Les tentes pourront rester dressées; les troupes emportant de quoi faire un café.

Ces marches devront toutes être dirigées en avant de nos positions, du côté de la frontière, ou sur les flancs des divisions, pour bien connaître le terrain des diverses positions que nous occupons.

*Suivent des instructions aux médecins des régiments, sur les mesures à prendre en attendant l'organisation complète des ambulances.*

———————

### Emplacements des corps d'armée à l'arrivée de l'Empereur.

#### 1er CORPS (28,000 hommes).

| | |
|---|---|
| 1re division.............. | à Reichshoffen. |
| 2e — .............. | à Haguenau. |
| 3e — .............. | à Strasbourg. |
| 4e — .............. | à Strasbourg. |

#### 2e CORPS (22,800 hommes).

| | |
|---|---|
| 1re division.............. | à Saint-Avold. |
| 2e — .............. | à Forbach. |
| 3e — .............. | à Bening. |
| Division de cavalerie...... | à Merlebach. |

### 3ᵉ CORPS (31,500 hommes).

1ʳᵉ division.............. à Boucheporn.
2ᵉ    —    .............. à Teterchen.
3ᵉ    —    .............. à Bettange et Bouzonville.
4ᵉ    —    .............. à Metz.

### 4ᵉ CORPS (23,000 hommes).

1ʳᵉ division.............. à Sierck et Thionville.
2ᵉ    —    .............. à Sierck et Thionville.
3ᵉ    —    .............. à Colmen, Filstroff, etc.
Division de cavalerie......

### 5ᵉ CORPS (23,000 hommes).

1ʳᵉ et 2ᵉ divisions........ autour de Sarreguemines.
3ᵉ division.............. à Bitche.
Division de cavalerie...... à Niederbronn et Sarreguemines.

### 6ᵉ CORPS (26,000 hommes).

1ʳᵉ et 2ᵉ divisions........ à Châlons.
3ᵉ division.............. à Soissons.
4ᵉ    —    .............. à Paris.

### 7ᵉ CORPS (9,400 hommes).

1ʳᵉ division.............. à Colmar.
2ᵉ    —    .............. à Belfort.
3ᵉ    —    .............. à Lyon.
Division de cavalerie...... à Belfort.

### GARDE IMPÉRIALE (20,500 hommes).

Tout entière............ à Metz.

### RÉSERVE DE CAVALERIE (2,500 hommes).

1ʳᵉ et 2ᵉ divisions........ à Lunéville (1).
3ᵉ division.............. à Pont-à-Mousson.

Le mouvement d'organisation et de concentration de l'armée, commencé le 16 au soir, atteint le 28 juillet, douze jours après, l'effectif

---

(1) Les régiments de chasseurs d'Afrique, qui doivent exclusivement former la 1ʳᵉ division de la réserve de la cavalerie, ne commenceront à y arriver que le 1ᵉʳ août.

de 187,000 hommes (1) et *x* chevaux (2), rassemblés sur les points de concentration respectifs (3). (État-major général, *Journal de marche*.)

---

(1) Le « Tableau de l'effectif des troupes au 28 juillet 1870 » donne un total plus élevé : 200,795 hommes pour les 7 corps d'armée, la réserve et la cavalerie. Ce chiffre se décompose ainsi :

| | |
|---|---|
| 1er corps. | 34,360 hommes. |
| 2e — | 23,430 — |
| 3e — | 31,597 — |
| 4e — | 26,080 — |
| 5e — | 23,000 — |
| 6e — | 29,820 — |
| 7e — | 8,400 — |
| Garde impériale | 20,548 — |
| Réserve de cavalerie | 3,560 — |

(2) L'effectif en chevaux n'est donné, pour la première fois, que trois jours plus tard, dans un état portant la date du 31 juillet. Cet effectif est alors de 51,184 chevaux.

(3) Le général de Moltke, dans un mémoire daté *du 28 juillet*, établit que, dès ce jour-là même, les Prussiens opposent 77,000 hommes aux 44,000 qu'il prête au 1er corps, Mac-Mahon, et 50,000 aux 27,000 qu'il suppose au 4e, général de Ladmirault. Voilà pour les deux ailes de notre armée. Quant au centre, composé des corps Bazaine, Frossard, de Failly, Bourbaki et Canrobert, auquel il attribue un total de 133,000 hommes, il calcule que ces corps ne pourront aborder les Allemands (IIe armée), en admettant que ceux-ci restent en place, ou se rassemblent, sur la ligne Alzens, Göllheim, Grünstadt, avant le 5 août, date à laquelle ils se heurteront à 194,000 Allemands, « rassemblés en bonne position, pour tomber sur les têtes de l'ennemi, au moment où il débouchera des montagnes ». (*Correspondance militaire du maréchal de Moltke*, tome 1er, p. 220.)

# Journée du 29 juillet.

Le 29 juillet, l'Empereur, qui prend le commandement de l'armée du Rhin, va conférer à Saint-Avold avec le général Frossard. — Sa Majesté, dit cet officier général, jugea qu'il y avait lieu de porter l'armée plus près de la frontière, tout en rapprochant les corps de la gauche de la voie ferrée de Metz à Sarrebruck. Ce mouvement était-il décidé, comme le dit le général Coffinières de Nordeck, par l'inclination de l'Empereur pour une attaque sur Sarrelouis ? N'était-ce que la réédition du « coup de main » dont parlait le maréchal Le Bœuf dans sa lettre du 18 juillet ? Faut-il encore rapprocher cette idée de la dépêche suivante du major général au maréchal de Mac-Mahon : L'Empereur n'a pas l'intention de vous faire mouvoir avant huit jours ; et en tirer cette conclusion que Napoléon III pensa un instant, le 29, à laisser l'armée d'Alsace sur la défensive et à porter les 2e, 3e et 4e corps, non sur Sarrelouis, mais contre le rassemblement des VIIe et VIIIe corps, signalé derrière la Sarre ? Ou bien, comme l'affirme le général Frossard, l'Empereur ne pensait-il qu'à se défendre contre un débouché des Prussiens en forces du côté de Sarrelouis ?

Quoi qu'il en soit, cette intention ne fut que passagère et disparut sans doute devant les complications de toute sorte nées d'une mobilisation improvisée à coups de décisions hâtives et fébriles.

Le 29, les effectifs des corps d'armée varient respectivement de 34,000 à 10,000 hommes.

Les réservistes sont encore en pleine marche pour retrouver leurs corps, sans être toujours pourvus de tout le nécessaire : Le détachement de 600 hommes du 24e manque de tous les ustensiles de campement et d'un tiers des pièces de rechange pour les fusils. Au 71e,

*500 hommes sont prêts à partir, mais aucun ordre ne leur arrive, et ils n'ont ni effets de campement ni cartouches; au 60e, 800 hommes sont retenus à Nancy; au 65e, 400 hommes prêts à partir sont dépourvus d'effets et d'ustensiles de campement; au 11e, 300 hommes partent sans tentes-abris; au 9e, 600 hommes sont oubliés à Blois;* enfin, *le ministre ayant prescrit,* le 23, *de n'envoyer personne aux unités de guerre* sans un ordre de lui, *certains dépôts, comme ceux des 75e et 94e, disposant de 600 et de 1000 hommes, les laissent inutilisés, alors que les effectifs de guerre ne sont pas atteints. A la division du Barail, le général et quelques officiers sont seuls arrivés à Lunéville à la date du 29 juillet.*

*Ce n'est que le 29 qu'on pense, au 2e corps, à remonter les officiers sans troupe, et qu'on prescrit de se préoccuper de l'achat des animaux de trait nécessaires aux ambulances. Au 5e corps, les 13 voitures d'ambulance sont dépourvues de tout attelage; enfin, un nombre assez considérable d'officiers de la Garde impériale sont à remonter, et la commission de remonte du quartier général de la Garde n'a pas un seul cheval à leur donner.*

*Des corps manquent d'aiguilles et d'obturateurs de rechange pour le fusil modèle 1866; au 5e corps, les hommes arrivent à l'armée sans cartouches. Les batteries divisionnaires et de réserve sont au complet; mais il n'en est pas de même des réserves divisionnaires, encore moins des parcs de corps d'armée et du grand parc de l'armée. Sur 1200 chevaux (six compagnies du train d'artillerie) nécessaires à l'attelage des 190 voitures du parc du 1er corps, il n'y en a que le tiers de prêt; au 6e corps, le maréchal Canrobert rend compte que l'artillerie, moins son parc et les réserves divisionnaires de cartouches, pourra partir le 2 août; le général de Liégeard, commandant l'artillerie du 7e corps, signale de Colmar l'absence de la presque totalité de son artillerie. Quant au grand parc de l'armée, le général Mitrecé, arrivant à Toul où il devait se concentrer, n'y trouvait que le matériel du 1er équipage de pont de réserve et 2 compagnies de pontonniers. Le colonel directeur à Strasbourg rendait compte qu'il manquait, pour la portion qu'il était chargé d'organiser, 3,500,000 cartouches et 7,664 fusées.*

*Les équipages de pont existaient bien, mais, comme au 1er corps, ils ne pouvaient être attelés à temps, ou, comme au 2e, le nombre de leurs chevaux était insuffisant.*

*Les troupes manquaient de campement, de couvertures, de voitures régimentaires. Pour suppléer à celles-ci, on organisait partout des trains auxiliaires : à la division de Laveaucoupet, 80 voitures de réquisition forment ce train; à la 2e division du 3e corps, on en compte 100 ; à la division de L'Abadie d'Aydrein, le sous-intendant fait également charger sur des voitures requises 4 jours de biscuit et d'avoine ; enfin, le général commandant le 7e corps rend compte qu'il organise avec le plus grand soin 500 voitures de train auxiliaire.*

*Le service des subsistances est aussi improvisé que le reste :* On vit au jour le jour, *dit le journal de la division de Laveaucoupet;* le pain est assuré d'une manière précaire ; pas de fours de campagne, pas de biscuit de réserve.

Nous n'avons, *écrit le maréchal Canrobert,* ni matériel de subsistances, ni biscuit, ni sucre, ni café.

*Le personnel administratif est également insuffisant, car le major général prescrit à chaque corps d'armée de mettre 25 soldats boulangers à la disposition de l'intendance.*

*Au 1er corps, le général Ducrot demande l'occupation de Wissembourg, pour lui permettre de faire vivre ses troupes plus facilement.*

*Le 2e corps quitte le camp de Châlons, aligné à 2 jours de pain ou de biscuit et à 4 de sucre et café. A Saint-Avold où il débarque, rien n'est prévu ; on commence par recevoir le pain de Metz, de Sarreguemines et de*

*Forbach, et par tirer du camp de Châlons le sucre et le.
café. Puis, du 20 au 30 juillet, on s'efforce d'acheter sur
place le lard, le sucre, le café, le sel, le riz, l'avoine et
le foin, et l'on reçoit le biscuit de l'intérieur. Enfin, on
crée à Forbach un dépôt d'approvisionnements et un
centre de fabrication qui compte 11 fours, et dont la
farine est achetée à Metz et à Sarreguemines. Le 2ᵉ corps
passe des marchés pour la viande avec des bouchers
de Saint-Avold. Quant aux voitures, il ne peut en atteler
que 66, tirées du camp de Châlons, et ce n'est que le
2 août que le général commandant ce corps· d'armée peut
enfin disposer des 250 qui lui sont nécessaires.*

*Le service de santé et le service vétérinaire manquent
généralement dans les batteries :* Pas de cantines médicales, *dit le journal de la division de Laveaucoupet.* Je
n'ai, *écrit le maréchal Bazaine,* ni matériel, ni personnel
pour mes ambulances de division ou de mon quartier
général. *A la division de L'Abadie d'Aydrein,* le matériel
d'ambulance était chargé sur des voitures de réquisition.
*En écrivant que ses divisions pourront partir le 1ᵉʳ août,
le maréchal Canrobert ajoute :* mais sans cantines d'ambulances régimentaires, ni ambulances divisionnaires.

*A côté de tous ces déficits, il y a lieu de signaler
l'organisation judicieuse du service télégraphique, assuré
en première ligne par des sapeurs du génie, créant des
communications ou utilisant les existantes, et dont le
matériel était relevé, en arrière, par un personnel civil.*

*Ces difficultés de la mobilisation, qui ont jeté le haut
commandement dans l'hésitation* (1), *laissent les troupes*

_____

· (1) « Aussitôt après l'arrivée de l'Empereur à Metz, on s'occupa avec
un redoublement d'activité de faire donner aux troupes tous les objets
d'équipement et de campement qui leur étaient nécessaires et dont
elles n'étaient pas suffisamment pourvues. Les régiments avaient quitté
leurs garnisons en toute hâte avec des effectifs incomplets et, malgré
les ordres formels donnés par le Ministre, il s'en fallait de beaucoup
qu'ils fussent tous munis des effets réglementaires. On y suppléa d'abord

*dans une inaction des plus préjudiciables, dont elles ne*
*sortent que pour effectuer des reconnaissances insigni-*
*fiantes, ne donnant aucun éclaircissement sur la situa-*
*tion* (1).

---

au moyen des approvisionnements que l'on avait formés à Metz ; mais
les magasins ne tardèrent pas à être vidés. La chaleur était très intense
et, pour alléger le soldat, on demanda et on obtint l'autorisation de
verser au magasin de campement les couvertures des hommes, qui ne
tardèrent pas à être regrettées. Puis vint le tour des shakos, les képis
étant jugés suffisants. La garde elle-même obtint, malgré la répu-
gnance de l'Empereur, qu'on lui retirât les bonnets à poil et les shakos,
et c'est ainsi qu'elle a fait toute la campagne en bonnet de police. Les
hésitations à cet égard furent telles, qu'en quelques heures seulement
il fut donné trois ordres différents, et la mesure ne fut définitivement
maintenue que parce qu'elle avait reçu un commencement d'exécution
au moment où le dernier contre-ordre allait être donné. Je ne mentionne d'ailleurs cet incident que pour montrer combien peu les idées
étaient arrêtées en toute chose. On voulait et l'on ne voulait pas, parce
que tous les avis étaient admis successivement, et le plus souvent c'était
le dernier qui prévalait.

Ce défaut de fixité dans les idées avait assurément des conséquences
fâcheuses dans les cas que je viens de citer ; mais ces conséquences ne
pouvaient pas être d'une haute gravité. Malheureusement, on retrouvait
la même indécision dans la direction des opérations militaires.... » (*Sou-*
*venirs du général Jarras*, p. 59).

(1) « Le rideau tendu en avant de ces corps (les corps allemands)
par les faibles détachements prussiens avait jusque-là empêché de se
rendre aucun compte de ce qui se passait en arrière, et il était par
suite impossible de reconnaître l'importance des rassemblements effec-
tués dans cette zone, c'est-à-dire dans le voisinage immédiat des premières troupes françaises. Il eût été nécessaire de déchirer ce voile de
bonne heure ; mais on avait négligé jusque-là de prendre aucune mesure à cet effet. » (Le général J. de Verdy du Vernois, *Études de*
*guerre*, 1re partie. Paris, Louis Westhausser, 1892, p. 303.)

« Pendant que l'ennemi opérait son mouvement de concentration en
avant des frontières de Forbach et de Wissembourg, aucune tentative
n'a été faite pour couper les voies de fer qui se dirigent sur ces deux
points. La nature montagneuse du pays, les forêts dont il est couvert se
prêtaient cependant bien à des tentatives de ce genre .. » (Jacquin, *les*
*Chemins de fer pendant la guerre*. Paris, Hachette et Cᵉ. 1872, p. 305).

*Les seuls qu'on obtienne sont fournis par le service des renseignements, et semblent confirmer ceux qui sont déjà parvenus à cette date.*

*Le bulletin du grand quartier général signale, en effet, un mouvement très actif des troupes du Rhin vers la Sarre; celui du 2ᵉ corps mentionne la même activité, qui serait d'accord avec ce* que l'on dit *d'une grande concentration en arrière de Sarrebrück et à Duttweiler ; de son côté, le 5ᵉ corps annonce que le VIIIᵉ corps prussien est concentré à Lebach. On prévient encore, de Luxembourg, que les Prussiens ont commencé leur mouvement dans la direction de Sarrebrück; un déserteur de Sarrelouis parle également de forces considérables rassemblées en arrière de Sarrelouis et Sarrebrück; un espion confirme ce renseignement et évalue ces forces à 200,000 hommes ; enfin, le commissaire spécial de Thionville apprend, à 5 heures du soir, que toutes les troupes restées aux environs de Conz se dirigeraient en ce moment sur Sarrebrück.*

*D'autre part, le général Ducrot rend compte que l'ennemi a des postes sur la ligne Wœrth, Langenkandel, Winden, Bergzabern, Pirmasens, Neu-Hornbach, et qu'en arrière se trouverait un corps de 25 à 30,000 hommes, entre Landau et Neustadt.*

*A Lauterbourg, les habitants auraient été requis par les Bavarois pour travailler à des ouvrages défensifs dans la forêt du Bienwald.*

*D'après ce que mande le capitaine Iung de Strasbourg, il n'y aurait qu'un rideau de troupes du côté de la forêt Noire, et toute l'inquiétude paraît devoir se porter sur Landau, Germersheim, Mannheim, Maxau et Rastadt; le prince royal serait d'ailleurs arrivé à Carlsruhe. Enfin, le commissaire de Lauterbourg déclare que les Prussiens ont débarqué toute la nuit à Kandel, et qu'un corps important se dirige sur Lauterbourg.*

*On pouvait donc en conclure, de même que le 28, que*

*les Prussiens massaient en deux points, à Sarrebrück et
à Landau, des avant-gardes stratégiques, tandis que le
gros était à Mayence.*

*En réalité, la situation de l'ennemi, le 29 au soir, était
la suivante : les VII<sup>e</sup> et VIII<sup>e</sup> corps étaient en marche sur
Trèves et Hermeskeil ; les V<sup>e</sup> et XI<sup>e</sup> avaient, le 25 et le 27,
commencé leur concentration à Landau et à Germersheim ;
le 27 et le 28, la division wurtembergeoise était réunie
au nord de Carlsruhe ; la divison badoise était au nord de
Rastadt ; les I<sup>er</sup> et II<sup>e</sup> corps bavarois se formaient à Spire
et à Billigheim* (1).

*Protégée par ces deux armées d'avant-garde, la II<sup>e</sup> se
concentrait en avant de Mayence.*

*En outre, afin de parer à une offensive française de ce
côté de la Sarre,* le 29 juillet, l'ordre était donné par
voie télégraphique à la I<sup>re</sup> armée de se réunir sur la
ligne Wadern—Losheim, tandis que la II<sup>e</sup> était invitée
à porter les cantonnements du III<sup>e</sup> et du IV<sup>e</sup> corps
jusque sur la ligne Alsenz—Gölheim—Grünstadt....

*En face de l'armée allemande, les corps français
étaient ainsi placés :*

*Le* 1<sup>er</sup> *corps à Strasbourg, Haguenau, Lembach, Soultz,
Seltz, Soufflenheim, Brumath ;*

*Le* 2<sup>e</sup>, *à Saint-Avold, Forbach, Bening, Merlebach ;*

---

(1) « Le général comte Bothmer, commandant la 4<sup>e</sup> division d'infanterie bavaroise, reçut ce jour-là (29 juillet, à Billigheim) la visite du
quartier-maître général de la III<sup>e</sup> armée, colonel V. Gottberg, qui lui
fit connaître que la concentration du XI<sup>e</sup> corps était complètement terminée, celle du V<sup>e</sup> corps presque entièrement achevée également, le
XI<sup>e</sup> corps étant établi entre le Rhin, la Lauter et le chemin de fer de
Neustadt à Wissembourg, le V<sup>e</sup> dans la zone comprise entre ce chemin
de fer, la ligne Insheim—Göcklingen et la montagne ; la 4<sup>e</sup> division bavaroise fut installée dans la zone comprise entre le chemin de fer de
Rohrbach à Wissembourg, la Lauter, la montagne et la ligne Göcklingen—Insheim ; la division avait à couvrir les lignes d'approche venant
de Wissembourg et la vallée descendant de Dahn. » (Le général J. de
Verdy du Vernois, *Études de guerre*, p. 223).

14          LA GUERRE DE 1870-1871.

*Le 3<sup>e</sup>, à Metz, Boulay, Boucheporn, Teterchen, Vel-
ving, Tromborn, Hargarten, Bettange, Bouzonville,
Volmérange;*

*Le 4<sup>e</sup>, à Thionville, Sierck, Kirschnaumen, Montenach,
Laumesfeld, Lacroix, Kédange, Kœnigsmacker, Colmen;*

*Le 5<sup>e</sup>, à Sarreguemines, Bitche, Niederbronn (1);*

*Le 6<sup>e</sup>, à Paris, Soissons et au camp de Châlons;*

*Le 7<sup>e</sup>, à Lyon, Belfort, Colmar;*

*La Garde et le grand quartier général, à Metz;*

*Le général du Barail, avec quelques officiers et la divi-
sion de Bonnemains, à Lunéville;*

*La division de Forton, à Pont-à-Mousson;*

*Les équipages de ponts et parcs de corps d'armée sont*

(1) L'ouvrage du Grand État-Major prussien a résumé, dans les lignes
suivantes, ce que l'on savait, ou croyait savoir, chez notre adversaire,
touchant l'armée française de Lorraine et ses intentions, à la date du
29 juillet:

« Le 29, déjà l'adversaire reportait plus en arrière ses troupes avancées. Ce mouvement de recul et les ouvrages activement construits
sur divers points, et notamment sur la hauteur de Spicheren, indiquaient plutôt des intentions de défensive. Des déserteurs et des espions
prétendaient savoir que, dans les grandes agglomérations de troupes
de l'autre côté de la frontière, le manque de vivres commençait déjà
à se faire sentir. Tous les villages français, depuis Forbach jusqu'à Sarreguemines, étaient toujours fortement gardés, mais des indices de plus
en plus nombreux permettaient de s'attendre à un mouvement général
des forces ennemies vers la droite. On signalait des troupes en marche
de Saint-Avold dans la direction de l'est, et le colonel Wright, à la
tête du 5<sup>e</sup> régiment de dragons, s'était heurté à Breidenbach, à mi-
chemin entre Deux-Ponts et Bitche, aux avant-postes d'un gros de
troupes françaises de toutes armes. Le 4<sup>e</sup> corps paraissait être également en mouvement de Thionville vers le sud-est; les avant-postes
avaient rencontré au nord de Bouzonville, à Colmen, des régiments qui
en faisaient partie. Non seulement les Français rétablissaient le pont
détruit à Sarreguemines, mais ils jetaient encore sur la Sarre, aux
environs de cette ville, d'abord un, puis deux ponts de bateaux.

« Tout cela semblait présager une concentration des forces ennemies
sur la ligne Forbach—Bitche. »

à Besançon (1ᵉʳ corps), Lunéville (2ᵉ), Metz (3ᵉ), Verdun (4ᵉ), Épinal (5ᵉ), La Fère (6ᵉ) et Vesoul (7ᵉ) ;

Le parc d'artillerie de la Garde est à Versailles ;

La réserve générale d'artillerie est à Nancy ;

Le grand parc d'artillerie de l'armée, qui doit se concentrer à Toul, est encore en formation dans les huit arsenaux de Metz, Strasbourg, Rennes, La Fère, Besançon, Douai, Lyon et Toulouse ;

Le 1ᵉʳ équipage de pont de réserve est à Toul ; l'autre s'organise à Strasbourg.

# DOCUMENTS ANNEXES

---

## Journée du 29 juillet.

---

### QUARTIER GÉNÉRAL DE L'ARMÉE.

#### a) Journaux de marche.

*Le* Journal de marche *de l'état-major général de l'armée du Rhin mentionne les faits suivants, comme ayant marqué la journée du* 29 *juillet :*

L'Empereur prend le commandement en chef de l'armée.

Il se rend, de sa personne, à Saint-Avold et en revient le même jour (1).

---

(1) *Le voyage de l'Empereur à Saint-Avold a donné lieu à l'échange de télégrammes suivants :*

*Le général Frossard au Major général à Metz* (D. T. Ch.) :

Saint-Avold, 29 juillet, 6 heures 40, matin :

« Restera-t-on à la gare ou viendra-t-on à la ville, qui est à 3 kilomètres ? Ira-t-on plus loin ? »

*Le Major général au général Frossard :*

Metz, 7 heures 1/2, matin.

« Je pense qu'on restera à la gare. Néanmoins, ayez 2 ou 3 voitures. »

*D'autre part, on lit, à propos de ce voyage, dans l'ouvrage du général Frossard :* « *Rapport sur les opérations du* 2º *corps d'armée* » :

« Le 29, l'Empereur, arrivé de la veille à Metz, vint à Saint-Avold. Après avoir reconnu la position des divers corps, Sa Majesté jugea que, jusqu'à ce qu'on eût une suffisante manifestation des projets de l'en-

La 2ᵉ (1) division de cavalerie de réserve arrive à Pont-à-Mousson.

La 1ʳᵉ brigade de la 4ᵉ division du 3ᵉ corps se rend de Metz à Boulay.

### b) Organisation et administration.

*Des détachements de renfort sont annoncés par la lettre ministérielle suivante :*

*Le Ministre de la guerre par intérim, au Major général, à Metz.*

Paris, 29 juillet.

J'ai l'honneur d'informer Votre Excellence que des ordres ont été donnés, les 27, 28 et 29 de ce mois, pour faire diriger le plus tôt possible, sur les portions actives de leurs corps à l'armée du Rhin, les détachements ci-après :

| | | |
|---|---|---|
| 8ᵉ de ligne......... | 400 hommes sur | Saint-Avold. |
| 81ᵉ — ......... | 300 — | Metz. |
| 51ᵉ — ......... | 500 — | Metz. |
| 18ᵉ chasseurs à pied... | 400 — | Metz. |
| 27ᵉ de ligne......... | 200 — | Sarreguemines. |
| 41ᵉ — ......... | 400 — | Metz. |

nemi, il y avait lieu de porter l'armée plus près de la frontière, en rapprochant en même temps les corps de gauche de la voie ferrée de Metz à Sarrebrück. En conséquence, à sa rentrée à Metz, les dispositions suivantes furent ordonnées, et les mouvements s'exécutèrent dans la matinée du 31..... »

*De son côté, le général Coffinières de Nordeck inscrit sur son carnet de notes, à la date du 29 juillet :*

L'Empereur va à Saint-Avold et paraît incliner pour une attaque sur Sarrelouis.

(1) Lire ici « 3ᵉ division de cavalerie de réserve » et non 2ᵉ, car c'est à Lunéville que se forme cette dernière, et non à Pont-à-Mousson.

| | | | |
|---|---|---|---|
| 33e de ligne......... | 400 | hommes sur | Thionville. |
| 24e — ......... | 600 | — | Saint-Avold. |
| 17e chasseurs à pied... | 200 | — | Colmar. |
| 6e de ligne......... | 300 | — | Thionville. |
| 63e — ......... | 400 | — | Saint-Avold. |
| 78e — ......... | 200 | — | Strasbourg. |
| 28e — ......... | 500 | — | Paris. |
| 26e — ......... | 300 | — | Paris. |
| 86e — ......... | 500 | — | Sarreguemines. |
| 11e — ......... | 300 | — | Sarreguemines. |
| 71e — ......... | 500 | — | Metz. |
| 2e — ......... | 300 | — | Saint-Avold. |
| 13e — ......... | 300 | — | Thionville. |
| 32e — ......... | 200 | — | Saint-Avold. |
| 40e — ......... | 300 | — | Saint-Avold. |
| 49e — ......... | 300 | — | Bitche. |
| 64e — ......... | 300 | — | Thionville. |
| 65e — ......... | 400 | — | Thionville. |
| 68e — ......... | 300 | — | Bitche. |
| 85e — ......... | 300 | — | Metz. |
| 97e — ......... | 200 | — | Bitche. |
| 98e — ......... | 300 | — | Thionville. |
| 4e chasseurs à pied... | 200 | — | Bitche. |
| 5e — ... | 100 | — | Thionville. |
| 7e — ... | 200 | — | Metz. |
| 12e — ... | 100 | — | Saint-Avold. |
| 17e — ... | 200 | — | Colmar. |
| 50e de ligne......... | 300 | — | Strasbourg. |
| 4e — ......... | 700 | — | Camp de Châlons. |
| 91e — ......... | 200 | — | Soissons. |
| 10e — ......... | 500 | — | Camp de Châlons. |
| 12e — ......... | 600 | — | Camp de Châlons. |
| 1er — ......... | 100 | — | Thionville. |
| 14e — ......... | 300 | — | Camp de Châlons. |
| 15e — ......... | 250 | — | Thionville. |
| 17e — ......... | 300 | — | Bitche. |
| 20e — ......... | 300 | — | Camp de Châlons. |
| 23e — ......... | 150 | — | Saint-Avold. |
| 25e — ......... | 100 | — | Paris. |
| 30e — ......... | 500 | — | Bitche. |
| 36e — ......... | 550 | — | Strasbourg. |
| 43e — ......... | 150 | — | Thionville. |
| 45e — ......... | 100 | — | Strasbourg. |

| | | | |
|---|---|---|---|
| 47ᵉ de ligne............ | 250 hommes sur | Colmar. |
| 48ᵉ — ........... | 350 | — | Strasbourg. |
| 52ᵉ — ........... | 200 | — | Lyon. |
| 54ᵉ — ........... | 300 | — | Thionville. |
| 55ᵉ — ........... | 150 | — | Saint-Avold. |
| 56ᵉ — ........... | 300 | — | Strasbourg. |
| 59ᵉ — ........... | 150 | — | Metz. |
| 60ᵉ — ........... | 130 | — | Metz. |
| 61ᵉ — ........... | 350 | — | Bitche. |
| 62ᵉ — ........... | 300 | — | Metz. |
| 66ᵉ — ........... | 500 | — | Saint-Avold. |
| 67ᵉ — ........... | 200 | — | Saint-Avold. |
| 69ᵉ — ........... | 400 | — | Metz. |
| 70ᵉ — ........... | 600 | — | Paris. |
| 74ᵉ — ........... | 300 | — | Strasbourg. |
| 75ᵉ — ........... | 200 | — | Soissons. |
| 76ᵉ — ........... | 300 | — | Saint-Avold. |
| 77ᵉ — ........... | 200 | — | Saint-Avold. |
| 80ᵉ — ........... | 300 | — | Metz. |
| 82ᵉ — ........... | 300 | — | Lyon. |
| 84ᵉ — ........... | 250 | — | Phalsbourg. |
| 88ᵉ — ........... | 350 | — | Bitche. |
| 89ᵉ — ........... | 300 | — | Belfort. |
| 90ᵉ — ........... | 250 | — | Metz. |
| 99ᵉ — ........... | 150 | — | Belfort. |
| 100ᵉ — ........... | 100 | — | Camp de Châlons. |
| 1ᵉʳ chasseurs à pied... | 100 | — | Strasbourg. |
| 2ᵉ — ... | 75 | — | Thionville. |
| 3ᵉ — ... | 350 | — | Saint-Avold. |
| 6ᵉ — .. | 75 | — | Belfort. |
| 8ᵉ — .. | 100 | — | Strasbourg. |
| 10ᵉ — ... | 350 | — | Saint-Avold. |
| 16ᵉ — ... | 160 | — | Strasbourg. |
| 19ᵉ — ... | 200 | — | Bitche. |
| 1ᵉʳ grenad. de la Garde. | 130 | — | Metz. |
| 2ᵉ — ... | 150 | — | Metz. |
| 3ᵉ — ... | 100 | — | Metz. |
| 1ᵉʳ voltig. de la Garde. | 50 | — | Metz. |
| 2ᵉ — ... | 85 | — | Metz. |
| 3ᵉ — ... | 95 | — | Metz. |
| 4ᵉ — ... | 100 | — | Metz. |
| Bataillon de chasseurs... | 50 | — | Metz. |
| Régiment de zouaves.... | 90 | — | Metz. |

TOTAL..... 24,940

Je donnerai les instructions nécessaires pour que les hommes destinés au 5ᵉ corps soient, à l'avenir, dirigés sur Sarreguemines.

*Les services (Télégraphie, Trésorerie et Postes) s'organisent.*

*Le Ministre de la guerre par intérim, au Major général.*

Paris, 29 juillet (n° 7706).

J'ai l'honneur de porter à votre connaissance les mesures qui ont été arrêtées pour le service télégraphique de l'armée du Rhin.

Votre Excellence sait que ce service se composera d'une compagnie du génie pourvue d'un parc spécial, et d'une brigade d'employés civils également munie d'un petit parc.

La compagnie du génie sera chargée, sur le champ de bataille, de mettre le commandant en chef de l'armée en communication avec les commandants des corps d'armée et, en marche, d'assurer trois lignes de communication pour l'armée supposée marchant sur trois routes, savoir : deux latérales, exigeant chacune l'installation d'une ligne provisoire, et une centrale que l'on admet devoir être organisée aussi provisoirement — en partie avec les débris d'une ligne préexistante que l'ennemi aurait désorganisée.

Dans l'hypothèse d'une armée en marche, la brigade civile, marchant à la distance d'une journée, remplacera chaque jour, par l'installation d'une ligne définitive, la ligne centrale provisoire de la compagnie du génie. Celle-ci, en outre, repliera successivement ses câbles, devenus inutiles par suite du travail de la brigade civile.

Le personnel militaire chargé des communications télégraphiques à l'armée se composera :

1° D'un chef de bataillon, directeur du service télégraphique. J'ai désigné pour ces fonctions le commandant du génie Cord, actuellement au camp de Châlons ;

2° De la 2ᵉ compagnie de sapeurs du 1ᵉʳ régiment du génie, également au camp, et qui comporte un effectif de 4 officiers et de 160 sous-officiers, caporaux ou soldats ;

A cette compagnie seront adjoints 30 employés civils de l'administration des lignes télégraphiques, anciens militaires, manipulateurs ;

3° D'un détachement de sapeurs-conducteurs du 1ᵉʳ régiment du génie, de 73 hommes et 127 chevaux, commandé par un lieutenant.

Le parc spécial affecté à cette compagnie se composera de 26 voitures. Un garde du génie sera affecté à ce parc.

Le personnel et le matériel dont il s'agit se trouvent en ce moment au camp de Châlons, où l'organisation se complète. Ils ne seront pas en état de rejoindre avant les premiers jours du mois d'août.

La solde des 30 employés civils leur sera payée par les soins du gérant du génie du grand quartier général.

Des instructions de détail sont adressées à M. le général commandant le génie à l'armée du Rhin.

P. S. — Les voitures et l'outillage d'une autre compagnie se préparent. Elle est arrivée hier au camp de Châlons et son instruction commence aujourd'hui. Elle ne pourra pas être utilisée avant la fin d'août.

Dès le 3 août, on pourrait détacher la moitié de la 1ʳᵉ compagnie.

*Le Ministre de la guerre par intérim, au Major général.*

**Paris, 29 juillet (nᵒ 7707).**

Les communications télégraphiques de l'armée du Rhin doivent être assurées, comme je vous le dis dans une autre dépêche, par deux services différents : une compagnie du génie pourvue d'un parc spécial et une brigade d'employés civils détachée de l'administration des lignes télégraphiques, également munie d'un petit parc.

La présente dépêche a pour objet de faire connaître à Votre Excellence l'organisation et le fonctionnement de ce dernier service.

### Organisation.

*Personnel.* — La brigade civile sera chargée de l'établissement et de l'exploitation des lignes permanentes reliant le grand quartier général de l'armée du Rhin au réseau français ; elle sera ainsi constituée :

> 1 inspecteur des lignes télégraphiques monté ;
> 1 sous-inspecteur des lignes télégraphiques monté ;
> 1 chef de station des lignes télégraphiques monté ;
> 15 stationnaires des lignes télégraphiques montés ;
> 1 agent principal (mécanicien) des lignes télégraphiques monté ;
> 1 chef surveillant des lignes télégraphiques ;
> 10 surveillants des lignes télégraphiques ;
> 150 ouvriers pour la pose de la ligne.

Ces derniers seront choisis parmi les gardes nationaux mobiles de bonne volonté et placés sous les ordres des agents des lignes télégraphiques.

Toutes les prestations seront payées sur les fonds du budget de la guerre ; celles en deniers, par les soins du général commandant le génie de l'armée ; celles en nature, par les soins du service administratif.

*Matériel.* — Le matériel sera renfermé dans 5 prolonges et 2 caissons conduits par un détachement de sapeurs-conducteurs du 1er régiment du génie.

### Fonctionnement.

Le fonctionnement de la brigade de télégraphie civile est ainsi réglé :

1° Elle n'aura à pourvoir qu'à l'installation et à la

réparation des lignes permanentes. C'est à vous, Monsieur le Maréchal, qu'appartiendra le soin de prescrire les mesures nécessaires pour défendre ces lignes contre la malveillance ou les entreprises de l'ennemi ;

2° Le personnel sera placé sous vos ordres et, par délégation de votre part, sous ceux du général commandant le génie de l'armée pour la détermination du tracé des lignes permanentes et pour les mesures destinées à assurer la bonne exécution des travaux. Pour les dépenses et l'ordonnancement, la brigade sera placée sous le contrôle du général commandant le génie.

Votre Excellence aura à déterminer la liste des officiers et fonctionnaires dont les dépêches devront être acceptées par les bureaux télégraphiques ;

3° Un régisseur-comptable sera désigné parmi les employés de la brigade. Des instructions sont données à M. le général Coffinières, ordonnateur secondaire, pour les détails de la comptabilité ;

4° En votre qualité de major général, vous aurez à prescrire les mesures nécessaires, sur les propositions que vous soumettra le chef de service, pour l'installation des bureaux télégraphiques le long des lignes permanentes et pour le logement des employés, lorsque l'armée ne sera pas en marche.

Ce personnel va recevoir l'ordre de se rendre à Metz immédiatement pour y prendre livraison des voitures et du matériel que doit fournir l'arsenal du génie. Les gardes nationaux mobiles, ouvriers du service télégraphique, y arriveront aussi très prochainement.

J'espère que tout le service pourra être prêt dans les premiers jours du mois d'août et en mesure de se porter sur le point qu'indiquera Votre Excellence.

*Le Major général au Ministre des finances* (D. T.).

Metz, 29 juillet, 7 heures 40, matin.

Le service des postes territorial est insuffisant dans

les régions occupées par l'armée. Le service financier proprement dit est aussi très difficile. Il est donc extrêmement urgent que les services fonctionnent à l'armée même, mais ils ne sont organisés dans aucun corps, et le payeur général lui-même n'est pas rendu à son poste. Il en résulte que mes propres dépêches ne me parviennent qu'avec des retards de 24 et 36 heures. Je prie Votre Excellence de prendre des mesures pour faire cesser, le plus tôt possible, ces graves lacunes.

*Le Ministre des finances au Major général, à Metz* (D. T.).

Paris, 29 juillet, 12 heures, matin (n° 2367).

Le personnel complet de trésorerie et postes est rendu, aujourd'hui 29, dans tous les corps. Plusieurs fonctionnent déjà. Tous fonctionneront demain. Payeur général part ce soir pour Metz, retenu jusqu'à présent pour acquisition de chevaux.

### d) Situations et emplacements.

*Situation sommaire d'effectif de l'armée au 29 juillet.*

| | | |
|---|---|---|
| 1er corps............ | 34,003 hommes. | 6,674 chevaux. |
| 2e corps............ | 23,430 — | 4,789 — |
| 3e corps............ | 35,807 — | 7,312 — |
| 4e corps............ | 26,080 — | » — |
| 5e corps............ | 15,274 — | 3,698 — |
| 6e corps............ | 29,974 — | 1,134 — |
| 7e corps............ | 10,546 — | » — |
| Garde impériale..... | 20,548 — | » — |
| Réserve de cavalerie.. | 4,561 — | 3,778 — |
| Réserve du génie.... | 225 — | 56 — |
| TOTAL... | 202,448 | |

# Journée du 29 juillet.

## 1er CORPS.

### a) Journaux de marche.

JOURNAL DE MARCHE DU 1er CORPS.

Le général de Lespart, du corps de Failly, ayant prévenu, dans la nuit du 28 au 29, qu'il faisait occuper Stürzelbronn et Neunhoffen, pour se relier avec le général Ducrot, celui-ci abandonne Bœrenthal et Philipsbourg, qu'il avait occupés, pour se couvrir sur sa gauche, par deux compagnies chacun, et prend dans la journée du 29 la position suivante (1) :

96e de ligne à Climbach, avec des avant-postes à Pfaffenschlick et au Pigeonnier.

Le 1er zouaves est à Mattstall ; quelques compagnies ont poussé jusqu'à Fleckenstein par le Thalenberg.

Toute la 1re division s'est concentrée dans les environs de Lembach (2).

La cavalerie de Soultz (3) (3e hussards) s'est mise en relation avec Wissembourg, et avec le général Ducrot par le Pigeonnier et Pfaffenschlick.

Tout indique que les avant-postes ennemis se sont éloignés de la frontière ; le plus rapproché paraît être à Bobenthal.

---

(1) La division Ducrot était, le 28, aux environs de Reichshoffen (Voir page 4).

(2) Ainsi qu'on le verra plus loin, la 2e division (Abel Douay) est à Haguenau, la 3e (Raoult) et la 4e (de Lartigue) sont à Strasbourg.

(3) 1re brigade (de Septeuil) de la division de cavalerie du 1er corps. Le 3e hussards devait obéir au général Ducrot. Le 11e chasseurs avait détaché de Soultz à Seltz un escadron et demi et aussi des détachements à Soufflenheim et à Bischwiller.

L'état-major de la division de cavalerie est à Brumath, à partir du 29 (généraux Duhesme et de Nansouty) ; le général de Septeuil est à Soultz (1).

## DIVISION DUCROT.

*Les Archives de la guerre ne possèdent pas de* Journal de
marche *pour la division Ducrot, mais le comte de Leusse,
maire de Reichshoffen et député du Bas-Rhin, qui fut
attaché, comme officier de mobiles, à l'état-major du maréchal de Mac-Mahon, a écrit un* Journal *inédit, où se
trouvent les lignes suivantes :*

Une des brigades revenait d'Afrique, par les voies
rapides, et si rapides que certains hommes n'avaient
pas mangé la soupe, ni pris rien de chaud, depuis
Oran (2).

. . . . . . . . . . . . . . . . . . . . . . . . . . . . . . . .

Il y avait des régiments qui n'avaient pas leurs couvertures de campagne ; les zouaves étaient venus avec
les mulets de cacolet pour les cantines d'officier ; on les
leur enleva et ils durent, 48 heures avant de marcher à
l'ennemi, acheter dans le pays des chevaux et voitures
pour porter les bagages réglementaires et réguliers.

Certains corps n'avaient pas d'aiguilles de rechange
pour leurs fusils ; à d'autres il manquait le caoutchouc-
obturateur de rechange. Les réserves n'étaient pas arrivées complètement et celles qui étaient là n'avaient
jamais vu un chassepot, 4 jours avant d'aller au feu.

Les 2 batteries d'artillerie, celle des mitrailleuses,
et une ou deux de réserve qui se trouvaient là, n'avaient

---

(1) La 3ᵉ brigade (Michel) est à Brumath, avec la brigade Nansouty.

(2) Parmi les régiments qui formaient la division Ducrot, le 1ᵉʳ zouaves
seul venait d'Algérie, où sa garnison était Alger (Coléah) et non Oran.
Quant aux autres corps, le 13ᵉ bataillon de chasseurs et les 18ᵉ et 96ᵉ
de ligne venaient de Strasbourg et le 45ᵉ, de Belfort.

pas un seul vétérinaire et personne pour leur donner du fourrage.

Personne ne savait se servir des mitrailleuses, sauf un sous-officier. On tira quelques coups à blanc, l'avant-veille du départ, pour voir comment se manœuvraient ces machines-là.

Je n'en finirais pas si je voulais dire tout ce que j'ai vu et étudié pendant les premiers jours.

Je commençai à être inquiet et je demandai au général si les autres divisions étaient dans le même état : « C'est encore pire », me répondit-il.

. . . . . . . . . . . . . . . . . . . . . . . . . . .

A peine ses troupes en main, le général Ducrot voulut savoir ce qu'il avait devant lui et, pendant plusieurs jours, nous parcourûmes les montagnes à cheval, avec quelques hussards d'escorte, juste assez pour tenir nos chevaux. Nous longions les frontières, interrogeant gardes et paysans, depuis Lembach jusqu'à Wissembourg, faisant faire des rondes aux douaniers et envoyant des espions au loin.

Je ne quittai pas le général, mes connaissances du pays et surtout des habitants lui étant utiles, bien qu'il eût sur toute cette région des connaissances plus que suffisantes.

Mais ce n'était pas assez pour un homme de sa trempe, et il demanda à employer les deux régiments de cavalerie cantonnés à Soultz (1). L'un deux était commandé par mon cousin d'Espeuilles (2). Il vint nous voir, mandé par le général, et l'on convint de reconnaissances à faire. Ordre fut donné au général de Septeuil, qui commandait à Soultz, de venir le lendemain à Wœrth, recevoir des ordres pour les reconnaissances.

---

(1) 3ᵉ hussards, 11ᵉ chasseurs (brigade de Septeuil). Le 11ᵉ chasseurs avait un escadron et demi à Seltz, comme on le verra plus loin.

(2) Le 3ᵉ hussards.

Le général **Ducrot** et moi, trouvâmes le général exact au rendez-vous, avec son aide de camp, mais sans carte du pays, ou du moins, avec une petite carte insuffisante.

Ce manque de cartes dans l'armée française était vraiment incroyable ; les généraux n'avaient que des chiffons de papier informes.

Le général Ducrot..... avait non seulement toutes les cartes possibles, mais encore toutes les reconnaissances, les croquis faits par des officiers en temps de paix, et ..... connaissait le pays sur le bout du doigt.....

Le général de Septeuil repartit (avec ses) instructions..... Sa dernière parole fut celle-ci : « Vous me promettez, mon général, un bataillon marchant bien, pour faire les reconnaissances avec moi ».

### DIVISION DOUAY.

#### Sommaire du Journal de marche.

La division, partie en chemin de fer de Besançon, le 21 juillet, est arrivée le surlendemain 23, à Strasbourg. Elle en repart le 25 juillet, pour Haguenau, où s'installe le même jour son quartier général. Les troupes de la division sont réparties ainsi qu'il suit, tant à Haguenau que dans les localités en avant, vers la frontière (elles y resteront jusqu'au 2 août inclus).

**A Haguenau.**
- Le 74ᵉ (1ʳᵉ brigade), 3 bataillons, 1600 hommes environ.
- Le 78ᵉ (2ᵉ brigade), 3 bataillons, 1565 hommes.
- Le 1ᵉʳ de tirailleurs (2ᵉ brigade), 3 bataillons, 2,160 hommes.
- 3 batteries d'artillerie, environ 500 hommes.
- 1 compagnie du génie, 100 hommes.
- Gendarmerie, 16 hommes, 10 chevaux.

**A Seltz.**
- 16ᵉ bataillon de chasseurs (incomplet), 543 hommes (1ʳᵉ brigade).

**A Gunstett, Soultz, Oberbetschdorf.**
- 50ᵉ d'infanterie (1ʳᵉ brigade), 3 bataillons (incomplet), environ 1598 hommes.

| A Soultz, | 11e régiment de chasseurs (4 escadrons), environ 676 |
| Bischwiller, | |
| Soufflenheim. | hommes, 645 chevaux (1). |

## b) **Organisation et administration.**

*Le maréchal de Mac-Mahon au Major général, à Metz.*

Strasbourg, 29 juillet.

J'ai l'honneur d'adresser, ci-joint, à Votre Excellence, copie de la lettre que j'écris à M. le Ministre de la guerre, dans le but de hâter l'envoi, à Strasbourg, de l'équipage de pont et des compagnies du train d'artillerie affectées au 1er corps.

*Le maréchal de Mac-Mahon au Ministre de la guerre, à Paris.*

Strasbourg, 29 juillet (n° 44).

La compagnie de pontonniers, ainsi que l'équipage de pont, modèle 1866, qui ont été affectés au 1er corps et qui se trouvent actuellement à Auxonne, vont être dirigés sur Strasbourg immédiatement après les batteries et les parcs divisionnaires. Je disposerai dès lors de ressources suffisantes pour un passage de vive force. Mais, ce passage effectué, l'armée se trouvera dans l'impossibilité d'emmener avec elle l'équipage de pont, modèle 1866, parce que la compagnie du train, destinée à atteler cet équipage, ne pourra être arrivée en même temps que lui.

Il résulte des renseignements qui me sont fournis que cette compagnie, qui doit être prise dans le 1er régiment du train d'artillerie, ne serait que la « quinzième » de ce régiment à mettre sur le pied de guerre et qu'il faudrait que ce corps reçût encore « deux mille trois cents chevaux » pour la compléter à son tour.

---

(1) On verra plus loin que le 11e chasseurs avait un escadron et demi à Seltz avec le 16e bataillon de chasseurs. Le 11e chasseurs joue, par rapport à la 2e division, le même rôle que le 3e hussards pour la 1re.

Ce retard pourrait avoir pour conséquence de paraly-
ser les mouvements du 1er corps, et j'ai l'honneur de
prier Votre Excellence, de vouloir bien presser, autant
que possible, l'organisation de cette compagnie du
train.

Quant au parc d'artillerie attaché au 1er corps, il se
compose de 190 voitures (1), qui exigent, pour être atte-

---

(1)      *Le général Forgeot au maréchal de Mac-Mahon.*

Strasbourg, 29 juillet (n° 43).

Le parc d'artillerie attaché au 1er corps d'armée se compose de 190
voitures qui exigent pour être attelées, environ 1200 chevaux de trait,
soit 6 compagnies du train, qui toutes doivent être fournies par le
2e régiment du train d'artillerie stationné à Auxonne.

Sur ces 190 voitures, 152 contiennent exclusivement des munitions
destinées à remplacer immédiatement celles qui seront consommées;
c'est assez dire quelle est leur importance. Or, voici où en est aujour-
d'hui cette partie essentielle du service :

Le matériel du parc est prêt; mais, au lieu d'être à Strasbourg, il est
à Besançon. Il faut, pour le transporter de cette seconde place dans la
première, un travail long, difficile, inévitable. S'il se fait partiellement,
comme les ordres donnés par le Ministre peuvent le faire supposer, il y
aura deux administrations distinctes, de grandes difficultés de service,
peut-être aussi de grands désordres.

J'ai l'honneur de vous demander de la manière la plus pressante,
Monsieur le Maréchal, que le matériel du parc du 1er corps soit expédié
immédiatement et intégralement de Besançon sur Strasbourg.

Je viens de vous faire remarquer que le 2e régiment du train d'artillerie doit fournir 6 compagnies pour atteler le parc du 1er corps. Sur
ces 6 compagnies, 2 seulement sont prêtes : l'une d'elles a déjà été
envoyée d'Auxonne à Besançon, l'autre doit suivre la même voie. Je ne
puis m'expliquer le but de cette mesure. Il est complètement inutile,
en effet, que le même train de chemin de fer porte les voitures du
parc et les chevaux du train. Ce qui est essentiel, c'est d'éviter toute
perte de temps, c'est de ne pas faire des embarquements qui peuvent
être évités, c'est de ne pas priver la place de Strasbourg d'attelages qui
y seront indispensables lorsqu'on voudra franchir le Rhin.

C'est pourquoi je vous prierai, Monsieur le Maréchal, de vouloir bien
obtenir de M. le Ministre de la guerre, qu'aussitôt après leur forma-

lés, environ 1200 chevaux de trait, soit 6 compagnies du train, qui toutes doivent être fournies par le 2e régiment du train d'artillerie, stationné à Auxonne.

Sur les 190 voitures, 152 contiennent exclusivement des munitions destinées à remplacer immédiatement celles qui seront consommées. C'est assez dire quelle est leur importance ; or, d'après les renseignements que je reçois, voici où en est aujourd'hui cette partie essentielle du service :

Le matériel du parc est prêt, mais, au lieu d'être à Strasbourg, il est à Besançon. Il faut, pour le transport

---

tion, les compagnies du 2e régiment du train qui sont destinées au 1er corps soient envoyées directement d'Auxonne à Strasbourg.

En terminant, je dois insister sur ce point que, sur 6 compagnies affectées au 1er corps, le 2e régiment du train d'artillerie n'a pu encore en former que 2, soit *le tiers* du nombre nécessaire.

*Le général Forgeot au général Soleille, à Metz.*

Strasbourg, 29 juillet (n° 59).

Je reçois, seulement ce matin, vos dépêches n°s 5 et 8. Je vous prierai d'excuser le retard qui, pendant quelque temps encore, pourrait se produire dans l'envoi des quatre situations que vous me prescrivez de vous adresser les 1er, 6, 11, etc., de chaque mois. Nous sommes ici en voie de formation et de tassement. Les divisions n'ont pas encore leurs réserves divisionnaires, et c'est fort regrettable. Les généraux d'infanterie savent que c'est là qu'ils trouveront facilement à remplacer leurs munitions et, si le soldat vaut peu quand sa giberne est vide, le général de division est également peu tranquille quand il n'a pas sous la main sa réserve de cartouches. Enfin, dans deux ou trois jours, je l'espère, toute l'artillerie, divisionnaire ou de réserve, du 1er corps, sera en état de marcher.

Malheureusement, il n'en sera pas de même en ce qui concerne le service des parcs et des ponts. J'ai adressé, hier et ce matin, à M. le maréchal de Mac-Mahon, deux lettres à ce sujet. J'ai l'honneur de vous en remettre ci-joint copie.

Je désire vivement, mon Général, que vous puissiez lever les obstacles qui, en ce moment, s'opposent d'une façon presque absolue à la marche en avant du 1er corps d'armée.

de cette seconde place dans la première, un travail long, difficile, inévitable. S'il se fait partiellement, il y aura deux administrations distinctes, de grandes difficultés de service, peut-être aussi de grands désordres.

D'autre part, le 2ᵉ régiment du train doit fournir 6 compagnies pour atteler le parc du 1ᵉʳ corps. Sur ces 6 compagnies, 2 seulement sont prêtes ; l'une d'elles a déjà été envoyée d'Auxonne à Besançon ; l'autre doit suivre la même voie. Il me semble inutile que le même train de chemin de fer porte les voitures du parc et les chevaux du train. L'essentiel est d'arriver sans perte de temps.

J'ai, en conséquence, l'honneur de prier Votre Excellence de vouloir bien donner des ordres pour que le matériel du parc du 1ᵉʳ corps soit expédié immédiatement et intégralement de Besançon sur Strasbourg, et pour que les compagnies du 2ᵉ régiment du train d'artillerie, qui sont destinées à conduire ce parc, soient constituées le plus tôt possible et envoyées directement d'Auxonne à Strasbourg.

*Le maréchal de Mac-Mahon au Major général, à Metz* (D. T.).

Strasbourg, 29 juillet, 4 heures, soir.

Sont arrivés aujourd'hui à Strasbourg : les 4 réserves divisionnaires de munitions d'infanterie ; 11ᵉ et 12ᵉ batteries du 6ᵉ régiment d'artillerie ; les 9ᵉ et 10ᵉ batteries du 9ᵉ régiment d'artillerie (1) ; la 9ᵉ batterie du 10ᵉ régiment d'artillerie (2) ; un détachement du 45ᵉ de ligne.

---

(1) C'est à Haguenau et non à Strasbourg qu'arrivent, le 29 juillet, les 9ᵉ et 10ᵉ batteries du 9ᵉ régiment, parties de Dôle la veille, 28 juillet, par les voies ferrées.

(2) La 9ᵉ batterie du 10ᵉ régiment, désignée dans le principe, pour former, avec les 7ᵉ et 8ᵉ batteries du même régiment, l'artillerie de la 4ᵉ division du 6ᵉ corps, formera en réalité, avec les mêmes batteries, la réserve du 12ᵉ corps.

*Le maréchal de Mac-Mahon au général Douay, à Ha-guenau.*

Je vous prie de vouloir bien donner des ordres à tous les chefs de corps d'infanterie de votre division, pour qu'ils réclament à leurs dépôts respectifs les compléments nécessaires pour porter leurs effectifs au pied de guerre, fixé par les règlements ministériels.

*Le maréchal de Mac-Mahon au général Douay, à Ha-guenau.*

Strasbourg, 29 juillet.

Le Ministre de la guerre m'informe que des ordres sont donnés pour que les troupes du 1er corps qui seraient dépourvues de pièces d'armes de rechange, en soient approvisionnées le plus tôt possible. Du reste, les caissons légers à 2 roues, qui sont au nombre de 14 par division, ont reçu chacun 450 rondelles en caoutchouc, ce qui constitue un approvisionnement de 6,300 obturateurs par division, pour faire face aux premiers besoins. Dans quelques jours, cet approvisionnement sera doublé.

Dès que les réserves divisionnaires d'artillerie, qui sont annoncées pour aujourd'hui, seront arrivées, je vous prie de donner des ordres au commandant de l'artillerie de votre division, pour que, par ses soins, il soit donné satisfaction aux besoins exprimés.

Vous me rendrez compte de l'exécution de cette mesure.

### c) Opérations et mouvements.

*Le Major général au maréchal de Mac-Mahon* (D. T. Ch.).

Metz, 29 juillet, 10 h. 30, matin.

L'Empereur n'a pas l'intention de vous faire mouvoir avant huit jours. Il compte sur vous pour continuer à éclairer la frontière, en vous reliant avec la division du général de Failly qui est à Bitche (1).

*Le Major général au maréchal de Mac-Mahon, à Strasbourg.*

Metz, 29 juillet (n° 73).

Le général de Failly, commandant du 5e corps, demande avec insistance que le 84e de ligne, qui occupe Phalsbourg, quitte cette place pour venir rejoindre la division (2) du corps dont il fait partie. Mais il est impossible, dans la situation actuelle, de laisser la ville de Phalsbourg sans garnison.

Je viens donc prier Votre Excellence de vouloir bien examiner ce qui pourrait être fait pour la mettre hors de toute atteinte, soit en y envoyant un détachement de votre corps d'armée, soit en y plaçant de suite de la garde mobile.

Dans le cas où cette dernière solution, qui me paraîtrait la meilleure, pourrait être mise à exécution, je vous prierais de vouloir bien donner des ordres en conséquence à M. le général commandant la 6e division militaire (3), qui dirigerait sur Phalsbourg le nombre de bataillons que vous jugeriez nécessaire.

J'attends votre réponse pour faire connaître au général de Failly ce que fera le 84e de ligne. (Le 4e bataillon du 96e de ligne est à Phalsbourg depuis le 28. Ce batail-

---

(1) Division Guyot de Lespart, 3e du 5e corps.

(2) Division de L'Abadie d'Aydrein, 2e du 5e corps. Le général de Failly avait signalé, le **22**, que le 84e était presque en entier à Phalsbourg et demandé qu'il fût remplacé par une autre garnison tirée de l'intérieur. Le 28, le Ministre lui écrivait qu'il prescrivait au général commandant la 5e division militaire de mettre immédiatement le 84e de ligne à la dispositioe du général de Failly. De son côté, le major général n'envisageait le déplacement du 84e que sous les réserves indiquées ci-dessus.

(3) Strasbourg.

lon sera porté à 600 hommes le plus promptement possible).

*Le général Ducrot au général de Septeuil, à Soultz (D. T.).*

Reichshoffen, 29 juillet, 6 h. 15, soir.

La grande reconnaissance qui devait avoir lieu ce matin aura lieu demain.

Soyez au Geisberg vers 10 heures. Vous vous mettrez en communication avec nous, au col de Pfaffenschlick.

*Souvenirs inédits du maréchal de Mac-Mahon*, 29 juillet.

Le général Ducrot me fit savoir qu'il éprouvait de grandes difficultés à nourrir ses troupes dans les positions qu'elles occupaient. Il pensait que, d'ici peu, le pays serait complètement épuisé. Comme les vivres de campagne devaient être donnés aux troupes à partir du 2 août, il me fit connaître que l'Intendance demandait avec instance que la ville de Wissembourg fût occupée (1) pour faciliter les distributions de vivres aux troupes de sa division.

---

(1) *Au sujet de la non-occupation de Wissembourg par les troupes françaises, le général Ducrot s'exprime ainsi :*
En arrivant à Strasbourg, notre premier acte fut d'ordonner l'évacuation des places de Wissembourg et de Lauterbourg occupées, la première par 300 hommes d'infanterie, la seconde par 200 hommes de la même arme. Nous prîmes cette mesure sous notre propre responsabilité et n'en rendîmes compte au Ministre qu'après exécution. En haut lieu, on parut peu satisfait de cette détermination et, sans précisément nous infliger un blâme, on nous fit cependant comprendre que nous avions eu tort de dégarnir ainsi la frontière. Ce sentiment se trouve clairement exprimé dans une dépêche télégraphique ci-jointe émanant du Ministre :
« Il me paraît difficile que vous ne fassiez pas occuper ou du moins « protéger par des détachements mobiles, Wissembourg et Lauter- « bourg, afin de garantir nos populations frontières contre des tenta-

*Le commandant d'Hugues* (16e bataillon de chasseurs à pied) *au général de Montmarie, commandant la 1re brigade de la 2e division.*

Camp de Seltz, 28 juillet.

(Renseignements transmis au Maréchal, au général Ducrot<br>et au général de Septeuil, *le 29 juillet.*)

J'ai l'honneur de vous informer que le mouvement du 16e bataillon de chasseurs à pied et d'un escadron et demi du 11e chasseurs à cheval, s'est fort bien exécuté.

Le bataillon est campé à côté du cimetière de Seltz à l'embranchement des routes de Bâle à Strasbourg et de Seltz à Schaffhausen.

---

« tives peu sérieuses, mais nuisibles aux habitants que votre observa-
« tion défensive devrait protéger. Les 5e, 2e, 3e, 4e corps ont de forts
« détachements à proximité de l'extrême frontière et sont appuyés par
« des troupes échelonnées en arrière. Dès que vous serez en situation
« de le faire, prenez telles dispositions que vous jugerez convenable
« pour remplir cet objet. »

Le préfet du Bas-Rhin et le sous-préfet de Wissembourg firent également de nombreuses démarches près de nous, pour obtenir la réoccupation de Wissembourg et de Lauterbourg; ces instances furent vaines. Nous pensions qu'il y avait grand inconvénient à disséminer nos forces au début de la guerre; nous voulions que les points choisis pour opérer la concentration des troupes du 1er corps fussent placés dans des conditions telles, qu'elles s'y trouvassent à l'abri d'une brusque agression de l'ennemi et à portée des approvisionnements de toute nature.

En conséquence, nous avions préparé l'installation des 4 divisions d'infanterie et des troupes auxiliaires aux environs de Strasbourg, sur les bords de la Brusche et de l'Ill, la division de cavalerie en avant et *formant rideau* sur les bords de la Zorn, près de Brumath.

A l'arrivée du maréchal de Mac-Mahon, le 23 juillet, nous fîmes part à Son Excellence des dispositions que nous avions cru devoir prendre à ce sujet, et elles ne donnèrent lieu à aucune observation de sa part. Mais, soit par suite de ses propres réflexions, soit par suite d'ordres émanés du Ministre ou du grand quartier général, le Maréchal maintint à Haguenau la division Douay qui y avait été envoyée par décision du Ministre le 22, et, dans la nuit du 25 au 26, il nous fit appeler pour nous donner l'ordre d'aller le lendemain avec notre division occuper

Les grand'gardes du bataillon (une compagnie) ont été disposées sur le chemin d'intérêt commun n° 52 de Soultz à Münchhausen, couvrant aussi la forêt et les abords de Seltz.

Un poste de cavalerie occupe Schaffhausen.

Le 11e chasseurs à cheval (1) est campé dans une prairie à droite et en arrière du bataillon dans le coude formé par le Selzbach.

Nous n'avons pas de mouvement agressif à craindre sur notre droite, un ravin profond formé par le Sauerbach nous coupe dans une étendue de 2,500 mètres. De l'avis des gens du pays, l'ennemi ne peut se présenter que par la route de Lauterbourg.

Demain au jour je ferai une reconnaissance et j'aurai l'honneur de vous informer immédiatement de ce que j'aurai pu découvrir.

---

Reichshoffen et ses environs. Son Excellence ajouta que les services administratifs de notre division achèveraient de s'organiser sur place.

En conséquence, la 1re division se mit en route le 26 au matin..... Le 27, elle s'établit à Reichshoffen, poussant ses avant-postes jusqu'à la frontière.

(*Wissembourg. Réponse du général Ducrot à l'état-major allemand.* E. Dentu, 1873, p. 6).

#### NOTE DU GÉNÉRAL DUCROT, TROUVÉE DANS SES PAPIERS.

L'intendance territoriale dont le siège était à Haguenau avait déclaré, dès le premier jour, qu'elle pouvait à peine assurer le service des subsistances aux troupes cantonnées à Haguenau et environs ; qu'en conséquence il lui était absolument impossible de rien faire pour les troupes de la 1re division placées à Reichshoffen. Grâce à l'autorité et au bon vouloir du maire de cette localité, M. le comte de L..., nous avions pu vivre sur les ressources du pays pendant plusieurs jours ; mais ces ressources s'épuisaient, et il était indispensable de se déplacer pour vivre ; ce fut le principal motif de notre mouvement en avant et de l'occupation de Wissembourg (où existait une manutention).

(C'est le 3 août que Wissembourg sera occupé.)

(*La vie militaire du général Ducrot*..... T. II, p. 347).

(1) Lire : « l'escadron et demi du 11e chasseurs à cheval..... »

La surveillance du Rhin est faite par des postes de douaniers qui exécutent des patrouilles : ils ont l'ordre de me communiquer le résultat de leurs recherches ; des vedettes sont en communication avec eux.

Le maire de Seltz, n'assure les vivres et les fourrages que pour demain, le pays offrant peu de ressources.

Le 16ᵉ bataillon n'a pas touché à Haguenau les quatre jours de biscuit formant les vivres de réserve, les magasins de cette place n'étant pas approvisionnés de ces vivres.

#### d) Situations et emplacements.

*Le maréchal de Mac-Mahon au général Douay, à Haguenau* (D. T.).

Strasbourg, 29 juillet, 9 h. 50, matin.

Je vous prie de m'envoyer chaque jour, par le télégraphe, la situation sommaire de l'effectif des troupes de votre division, ainsi que leur emplacement.

Ces renseignements devront me parvenir avant 5 heures du soir.

*Le maréchal de Mac-Mahon au Major général* (D. T.).

Strasbourg, 29 juillet, 7 h. 30, soir (nᵒ 2432). Expédiée à 9 h. 40, soir

SITUATION SOMMAIRE DE L'EFFECTIF DU 1ᵉʳ CORPS,
A LA DATE DU 29 JUILLET.

1ʳᵉ *division.*

|  | Officiers. | Hommes. | Chevaux. |
|---|---|---|---|
| Infanterie | 315 | 4,800 | 114 |
| Artillerie | 15 | 433 | 371 |
| Génie | 5 | 100 | 10 |
| Gendarmerie | 1 | 17 | 9 |
|  | 336 | 5,350 | 504 |

### 2e *division.*

|  | Officiers. | Hommes. | Chevaux. |
|---|---|---|---|
| Infanterie........... | 303 | 7,461 | 91 |
| Artillerie........... | 10 | 296 (1) | 246 |
| Génie.............. | 5 | 100 | 15 |
| Gendarmerie........ | 1 | 16 | 10 |
|  | 319 | 7,873 | 362 |

### 3e *division.*

| Infanterie........... | 188 | 5,760 | 130 |
|---|---|---|---|
| Artillerie. .......... | 15 | 433 | 370 |
| Génie. ............. | 5 | 106 | 18 |
| Gendarmerie........ | 1 | 17 | 11 |
|  | 209 | 6,316 | 529 |

### 4e *division.*

| Infanterie........... | 251 | 7,598 | 191 |
|---|---|---|---|
| Artillerie .......... | 15 | 433 | 371 |
| Génie.............. | 4 | 82 | 12 |
| Gendarmerie........ | 1 | 17 | 10 |
|  | 271 | 8,130 | 584 |

| *Division de cavalerie*... | 266 | 3,386 | 3,388 |
|---|---|---|---|
| *Réserve d'artillerie*.... | 32 | 1,308 | 1,253 |
| *Gendarmerie*........ | 1 | 18 | 16 |
| *Réserve du génie*..... | 6 | 149 | 38 |

Troupes d'administration arrivées à Strasbourg :
98 hommes.

Rien de changé dans les emplacements.

---

(1) Ce chiffre semble montrer qu'il n'y avait d'arrivées que les 9e et 10e batteries du 9e régiment ainsi que l'indique la dépêche télégraphique du maréchal de Mac-Mahon, datée de Strasbourg, 29 juillet, 4 heures du soir, et contrairement à l'assertion du journal de la 2e division, qui mentionne 3 batteries, à l'effectif de 500 hommes, rendues à Haguenau. La 12e batterie, en effet, partie de Dôle, le 29 juillet, par les voies ferrées, ne doit arriver que le lendemain 30, à Haguenau.

*Emplacement des troupes au 29 juillet.*

Quartier général. . . . . . . . . . . . . . . à Strasbourg.
Division Ducrot. . . . . . . . . . . . . . . . à Reichshoffen (1).
Division Douay. . . . . . . . . . . . . . . . à Haguenau.
Division Raoult. . . . . . . . . . . . . . . à Strasbourg.
Division de Lartigue. . . . . . . . . . . . à Strasbourg.

Division de cavalerie (Duhesme). . . . à
{ Soultz.
Haguenau.
Seltz.
Soufflenheim.
Strasbourg.
Brumath (2). }

Réserve d'artillerie. . . . . . . . . . . . . à Strasbourg (3).

# Journée du 29 juillet.

## 2ᵉ CORPS.

### a) Journaux de marche.

#### JOURNAL DE MARCHE DU 2ᵉ CORPS.

Le général commandant la 2ᵉ division, organise des sections de francs-tireurs dans tous les régiments de sa division.

A la suite d'un violent orage qui inonde le camp de la 3ᵉ division, on apporte quelques changements dans l'assiette des campements.

---

(1) C'est le 28 juillet, et non le 29, que la division Ducrot était aux environs de Reichshoffen. A la date du 29, la division Ducrot était aux environs de Lembach (Voir page 25).

(2) Le 11ᵉ chasseurs avait aussi un détachement à Bischwiller (Voir page 29).

(3) Le parc d'artillerie était encore à Besançon (Voir page 31).

Le 10e bataillon de chasseurs à pied (1) se porte sur la hauteur de Cocheren, près du viaduc du chemin de 1er de Sarreguemines. Une compagnie reste à Bening, à la garde de l'artillerie.

Le 40e de ligne quitte la prairie où il était campé. Deux bataillons se portent sur le coteau, en arrière du chemin de fer, à hauteur du quartier général de la division, le 3e en avant du village de Merlebach, à cheval sur la route de Forbach.

Sur l'avis que des forces prussiennes se concentrent sur la rive droite de la Sarre, le général commandant la division ordonne la formation d'une compagnie mixte d'éclaireurs volontaires, afin de compléter le service des avants-postes et de rendre les surprises plus difficiles, dans un pays aussi boisé et aussi accidenté que celui dans lequel le 2e corps est cantonné.

Cette compagnie comprend : 1 officier, 1 sous-officier, 1 caporal et 15 hommes d'infanterie, plus 1 officier, 1 maréchal des logis, 2 brigadiers et 25 dragons.

### DIVISION VERGÉ.

### Journal de marche.

D'après les renseignements recueillis pendant cette opération (2), le 1er campement prussien, près de la fron-

---

(1) Le 28 juillet, le 2e corps occupait les emplacements suivants :

| | |
|---|---|
| Quartier général..................... | Saint-Avold. |
| 1re division....................... | Saint-Avold. |
| 2e division........................ | Forbach. |
| 3e division........................ | Bening. |
| Division de cavalerie { Brigade légère..... | Forbach. |
| { Brigade de dragons. | Merlebach. |
| Réserve d'artillerie et génie............ | Saint-Avold. |

Le 10e bataillon de chasseurs à pied et le 40e de ligne étaient campés près de Bening.

(2) Reconnaissance faite à 4 heures du matin, dans la direction de Sarrelouis, par un bataillon du 32e de ligne.

tière, serait au nord de Ludweiler, à 6 kilomètres de la France. Le village de Warndtshof (Warent-hoff) serait évacué et les reconnaissances prussiennes se porteraient plutôt vers Boulay. Il y aurait des troupes à Ueberherren, au-dessous de Berus, sur la route de Sarrelouis.

L'avant-garde du 32ᵉ, après avoir traversé l'Hôpital, aperçoit un groupe assez considérable de soldats prussiens qui s'éloignent rapidement.

Une patrouille de douaniers, en blouse, qu'on rencontre quelque temps après et qui a visité les bois, déclare n'avoir rien vu. La reconnaissance rentre à Saint-Avold vers 10 heures du matin.

DIVISION BATAILLE.

### Journal de marche.

Reconnaissances habituelles du matin.

Les troupes conservent leurs campements respectifs.

Des sections de francs-tireurs sont organisées dans chaque corps. Elles ont pour mission de faire de petits coups de main, enlever des patrouilles, dresser une embuscade, etc.

*Journal de marche de la compagnie du génie (12ᵉ compagnie du 3ᵉ régiment) de la division.* — La compagnie a quitté le camp de Châlons le 24 juillet, et, par suite d'un accident de chemin de fer qui s'est produit entre Bar-le-Duc et Nançois-le-Petit, n'est arrivée que le 26 à Forbach.

Sa composition est la suivante :

4 officiers ;
98 sous-officiers et soldats ;
8 conducteurs (subsistants) ;
15 chevaux ;
2 voitures de section.

Elle campe aux abords de la gare de Forbach.

DIVISION DE LAVEAUCOUPET.

## Journal de marche.

Par suite de l'orage de la veille, certains corps sont obligés de changer de bivouac.

Le 10ᵉ bataillon de chasseurs à **pied** quitte Bening et se porte sur la hauteur de Cocheren, près du' viaduc du chemin de fer de Sarreguemines ; une compagnie de ce bataillon reste à la garde de l'artillerie.

Le 40ᵉ de ligne quitte la prairie où il était campé. Les 2 premiers bataillons sont établis sur la pente, en arrière du chemin de fer, à hauteur du quartier général de la division ; le 3ᵉ bataillon est porté à 500 mètres en avant du village de Merlebach, à cheval sur la route de Forbach.

Un détachement du train auxiliaire est organisé afin de pourvoir aux transports de la division.

Le cadre se compose d'un capitaine, d'un adjudant d'administration, d'un sous-officier d'infanterie, 4 caporaux et 8 soldats.

80 voitures de réquisition forment le train auxiliaire. 4 voitures sont mises à la disposition de chaque régiment d'infanterie pour transporter les bagages des officiers, 2 sont affectées au 10ᵉ bataillon de chasseurs et le reste est destiné aux subsistances et aux besoins imprévus.

Tous les moyens, on le voit, sont mis en œuvre pour organiser la division et parer aux plus pressantes nécessités. Tant bien que mal on y arrive ; mais on regrette de n'être point outillé d'une façon plus complète, plus régulière surtout. On vit au jour le jour, le pain est assuré d'une manière précaire, pas de fours de campagne, pas de biscuit en réserve. Le campement des corps est loin d'être au complet ; pas de cantines médicales, pas de bâts, pas de cantine de popotte pour les officiers, pas de campement pour les hommes de la réserve qui commencent à arriver.

Pour compléter les services des avant-postes et rendre les surprises impossibles dans un pays boisé et accidenté, le général de division ordonne l'organisation d'une compagnie d'éclaireurs volontaires.

Cette organisation est faite et assurée par les soins du capitaine d'état-major de la Tour du Pin, et sous la direction du lieutenant-colonel Billot, chef d'état-major, dont la compagnie relève directement.

Les éclaireurs comprennent :

1° Un officier, un sous-officier, un caporal et 15 hommes par corps d'infanterie, soit 80 hommes ;

2° Un officier, un maréchal des logis, 2 brigadiers et 25 dragons. Cette compagnie commence immédiatement son service, qui dure vingt-quatre heures.

A la tombée de la nuit, 2 officiers ayant chacun sous ses ordres une section d'infanterie et 5 dragons, dépassent les avant-postes, dont ils se font reconnaître, et se portent en avant pour observer l'ennemi.

Ces précautions sont nécessitées par les renseignements recueillis sur la concentration des forces prussiennes, qui s'effectue sur la rive droite de la Sarre.

D'après les espions, les habitants évalueraient à 200,000 hommes les troupes postées en arrière de la Sarre, entre Sarrelouis et Sarrebrück, le long de la chaussée du chemin de fer.

Le prince Frédéric-Charles commande cette armée ; présent encore le 27 juillet, il serait reparti le 28 au matin.

On dit que le point le plus occupé est le Kœllerthal, en arrière de Fielding, à 2 ou 3 kilomètres de la Sarre.

Le Kœllerthal est un pays très accidenté, très boisé, dans lequel se trouvent de nombreux puits miniers. Engelfangen et Altkessel en sont les centres. Altkessel, petit hameau, serait le point choisi pour le quartier général. Le prince Frédéric-Charles s'y serait tenu jusqu'au 28 au matin.

DIVISION DE CAVALERIE VALABRÈGUE.

## Journal de marche.

Les 2 escadrons du 7e dragons, restant à Merlebach, sous le commandement du colonel de Gressot (1er et 2e), sont placés, comme cavalerie divisionnaire, à la disposition de M. le général de Laveaucoupet, commandant la 3e division d'infanterie.

SERVICES ADMINISTRATIFS.

## Journal de marche.

*Résumé des opérations administratives du 2e corps d'armée* (Extrait du Journal manuscrit de l'adjoint à l'Intendance Bouteiller). Du 15 au 29 juillet.

Aucun ordre n'avait été donné, au moment du départ des troupes du camp de Châlons, 15 juillet, pour les faire suivre des approvisionnements. D'ailleurs aucun approvisionnement (1) n'avait été réuni au camp de Châlons en vue d'une guerre.

La place de Châlons fournissait la farine nécessaire à la fabrication du pain, au fur et à mesure de l'exécution des moutures. On entretenait seulement un approvisionnement de 30 jours au camp pour le corps d'armée (26 à 27,000 hommes).

L'eau-de-vie, le sucre, le café et le vin étaient fournis par des adjudicataires, sur commandes exécutables dans un délai de 6 jours. Bien que l'administration fût libre d'étendre l'importance des commandes, les marchés portaient qu'ils s'appliquaient aux fournitures à faire aux troupes réunies au camp, pendant les manœuvres de l'année 1870, et indiquaient, à titre de renseignements, des quantités répondant aux besoins de 4 mois. L'application

---

(1) Destiné à marcher avec les troupes.

de ces engagements aux besoins d'un corps quittant le camp, surtout dans des conditions qui privaient le commerce du transport par chemin de fer, ne pouvait être que le résultat d'une entente toute spéciale avec les fournisseurs.

L'exiguïté des magasins ne permettait pas de réunir un nombre de rations bien considérable, et l'on suivait, pour les commandes, la marche suivante :

L'approvisionnement, au début, était constitué chaque année pour 30 jours de sucre, café et eau-de-vie et 4 jours de vin. Lorsque, par le fait des distributions, cet approvisionnement était réduit à 25 jours pour les trois premières denrées, on adressait une commande pour la consommation de 15 jours, qui, exécutée dans les 6 jours, remontait l'approvisionnement à 35 jours. 10 jours après on faisait une pareille commande, et ainsi de suite. On procédait pour le vin de la même manière, en faisant une commande, dès qu'une distribution était ordonnée, pour la remplacer.

Il n'y avait au camp que 100 quintaux de biscuit qui avaient été envoyés au mois de mai, au moment où l'on put craindre qu'un mouvement populaire nécessitât l'envoi à Paris des 4 régiments alors réunis au camp.

Quant aux fourrages, les besoins étaient assurés pour 6,000 chevaux jusqu'au mois de septembre, en avoine, et l'on avait réuni la plus grande partie de l'approvisionnement de 1871, en foin et en paille.

La manutention du camp avait 15 fours de campagne montés, mais 12 seulement étaient en activité et suffisaient à la fabrication journalière de 30,000 rations. Il y avait, en outre, 15 fours non montés et en état de marcher dans les quarante-huit heures.

Dès que l'ordre de se tenir prêt à partir fut donné, le commandement prescrivit la distribution de deux rations de biscuit. Nos 100 quintaux représentaient 18,000 et quelques rations. Il fut suppléé au surplus en forçant la

fabrication du pain. On eût pu d'ailleurs, avec 24 heures
de répit, distribuer les deux rations en pain, ce qui eût
été préférable pour des hommes embarqués en chemin
de fer.

Le sucre et le café étaient distribués d'avance tous les
quatre jours. On aligna toutes les troupes au même
jour.

Le 2e corps quitta le camp de Châlons dans ces conditions et vint se concentrer autour de Saint-Avold, dans un
rayon de 15 à 18 kilomètres, au plus.

Rien n'avait été préparé sur ce point.

A la date du 20, jour de l'arrivée des dernières fractions du 2e corps à Saint-Avold, l'intendant général de
l'armée télégraphiait au Ministre, de Metz qui était la
place de réserve de tous les corps réunis entre les
Vosges et la Moselle :

« Il n'y a à Metz ni sucre, ni café, ni riz, ni eau-de-vie,
« ni sel, peu de lard et de biscuit. Envoyez d'urgence au
« moins un million de rations sur Thionville. »

Un adjoint de 2e classe à l'intendance avait été envoyé
le 15, en avant des premières troupes, à l'intendant de
Metz qui lui-même avait peu de chose à donner. La position des premières colonnes fut d'autant plus critique
que les personnels administratifs n'étaient pas arrivés, et
que le fait même de leur réunion entraînait la résiliation
des marchés de la fourniture du pain à la ration, dans
les places de Saint-Avold et de Sarreguemines.

Les mesures n'étaient pas plus avancées à Paris qu'à
Metz. Les journées et les nuits du 16 au 18 furent employées, au camp de Châlons, à télégraphier avec le
Ministre et le fournisseur du sucre et du café, à qui le
premier demandait de continuer son marché pour la
place de Metz, au lieu du camp ; mais il ne put rien être
conclu, par la raison toute simple que le gouvernement
avait suspendu tout envoi de marchandises pour le compte
des particuliers et que le négociant de Reims, livrant au

camp, tirait son café du Havre et son sucre de Paris. Il
fit d'ailleurs connaître les maisons chargées de le pourvoir et il fut proposé au Ministre de recourir directement
à elles.

Le général Frossard et l'intendant du 2e corps trouvèrent les troupes dans cette position précaire. Après les
vingt-quatre heures de pourparlers, on avait obtenu de
la place de Metz le pain; mais il n'y avait ni sucre, ni
café, ni eau-de-vie, et l'absence de ces distributions était
d'autant plus pénible pour les troupes qu'elles venaient
de quitter le régime du camp de Châlons, où tout leur était
servi à point et où l'installation était de beaucoup plus
confortable qu'aux bivouacs, qu'elles occupaient sous la
tente-abri, sans paille, avec une demi-couverture.

Dans la journée du 17, ordre fut donné par le général Frossard de faire intercaler dans les trains de
troupe, du sucre, du café, de l'avoine et des moyens de
transport du train des équipages, pour desservir le campement de ses troupes.

Il fut expédié aussitôt du camp 100 quintaux de sucre,
31 de café, dont 22 quintaux torréfié. Le fournisseur fut
autorisé à livrer sur wagons en gare 105 quintaux restant
à fournir d'une commande antérieure et, en même
temps, on lui faisait une commande pour tout ce qu'il
pouvait fournir pour le 22, 420 quintaux de sucre et 390
quintaux de café pour le camp.

Le chemin de fer recevait également dans les journées
du 17 et du 18, 1500 quintaux d'avoine.

Mais une double difficulté se présenta.

Pour l'expédition des denrées, le chemin de fer dé-
clara n'avoir pas de wagons disponibles, les ordres du
gouvernement étant de les consacrer tous au transport
des troupes déjà en retard.

Pour le départ du train des équipages, dont le matériel exige des moyens de transport semblables à ceux
qui sont nécessaires à l'artillerie, on se heurta contre

Maison-Rouge, où la pluie avait forcé beaucoup de monde à se réfugier. On a pu juger de l'efficacité du tir par le désordre qui s'est mis immédiatement dans la maison.

Quelques coups ont porté sur le champ de manœuvres ; d'autres ont dépassé le sommet de la route et ont dû venir éclater dans Sarrebrück.

### d) Situations et emplacements.

*Composition du 2e corps d'armée au début de la campagne (1).*

S. E. le général de division Frossard, gouverneur du Prince Impérial, commandant.

*Aides de camp et officiers d'ordonnance :*

Le capitaine Chanoine, de l'état-major ;
Le capitaine Sabouraud, du génie ;
Le capitaine Lepage, de l'artillerie ;
Le lieutenant Fririon, du 8e d'infanterie ;
Le lieutenant Rozat de Mandres, du 4e chasseurs à cheval ;
Le sous-lieutenant Frossard, du génie.

*Chef d'état-major général :*

Général de brigade Saget.

*Officiers d'état-major :*

Gaillard, lieutenant-colonel, sous-chef d'état-major ;
De Crény, chef d'escadron ;
Kienlin, chef d'escadron ;
Destremeau, capitaine ;
Thomas, capitaine ;
Le Mulier, capitaine ;
Allaire, capitaine ;
Parisot, capitaine ;
De la Pommeraye, lieutenant stagiaire au 8e d'infanterie.

*Commandant l'artillerie :*

Général de brigade Gagneur.

*Officiers d'état-major de l'artillerie :*

De Franchessin, lieutenant-colonel, chef d'état-major ;
D'Aumale, capitaine, aide de camp du général Gagneur.

---

(1) Extrait du *Journal de campagne* (manuscrit) de l'adjoint à l'intendance Bouteiller, du 2e corps d'armée.

*Commandant le génie :*

Général de brigade Dubost.

*Officier de l'état-major du génie.*

Lemasson, colonel, chef d'état-major.

*Intendant :*

M. Bagès.

*Fonctionnaires de l'intendance :*

De la Granville, sous-intendant militaire de 1re classe;
Bouteillier, adjoint de 1re classe;
Daussier, adjoint de 1re classe;
Romanet, adjoint de 1re classe.

*Médecins :*

Marmy, médecin principal de 1re classe au quartier général;
Sonrier, médecin principal de 2e classe en chef de l'ambulance
Chartier, médecin-major de 2e classe;
Billet, médecin aide-major de 2e classe;
Caillet, médecin aide-major de 2e classe.

*Pharmaciens :*

Robillard, pharmacien principal de 1re classe au quartier général;
Gueriteau, pharmacien aide-major de 1re classe, chef de l'ambulance.

*Officiers d'administration :*

Bureaux de l'intendance : Bailly, officier d'administration de 1re classe; Guigues, officier d'administration de 2e classe; Escande, officier d'administration de 1re classe; Guénard, Capdet, Dufour, Akermann, adjudants d'administration en second.

Hôpitaux et ambulances : Martin, officier d'administration de 1re classe; Barbenceys, adjudant d'administration en premier.

Subsistances militaire : Polin, officiers d'administration de 1re classe; Pouillard, adjudant d'administration en premier; Pion, adjudant d'administration; Appel, adjudant d'administration en second.

Habillement et campement : Leclère, adjudant d'administration en premier; Dédouit, adjudant d administration.

Train des équipages : Tiercelin, capitaine, commandant les troupes à la suite du corps d'armée.

Aumônier du quartier général : l'abbé Baron.

Prévôt : Janisset, chef d'escadron.

Trésorier-payeur : Beschu.

*1re division d'infanterie :*

Général de division : Vergé, commandant ;
Aide de camp : chef d'escadron du Peloux ;
Officier d'ordonnance : sous-lieutenant Vergé, du 63e de ligne ;
Chef d'état-major : colonel Andrieu.

*Officiers d'état-major.*

De Guilly, Péronex, Rives ;
Commandant l'artillerie : lieutenant-colonel Chavaudret ;
Commandant le génie : chef de bataillon Sainte-Beuve ;
Sous-intendant militaire : sous-intendant de 2e classe Saunier ;
Médecins : Dexpers, médecin-major de 1re classe ;
Goguet, Jacob, médecins aides-major de 1re classe ;
Czernicki, médecin aide-major de 2e classe ;
Pharmacien : Coupard, pharmacien-major de 1re classe ;
Officiers d'administration, bureaux : Vinsonnaud, adjudant d'administration en premier ;
Hopitaux : Holler, adjudant d'administration en premier ;
Subsistances : Daumas, officier comptable de 2e classe ; Klein, adjudant d'administration en premier ; Cade, adjudant d'administration en second ;
Prévôt : capitaine Faure ;
Aumônier :
Payeur : Aymond.

1re brigade : général Letellier-Valazé ;
Aide de camp : capitaine Wyts ;
3e bataillon de chasseurs à pied : chef de bataillon Thomas ;
32e régiment d'infanterie : colonel Merle ;
55e régiment d'infanterie : colonel de Waldner.

2e brigade : général Jolivet ;
Aide de camp : capitaine Migneret de Cendrecourt ;

Officier d'ordonnance :

76e régiment d'infanterie : colonel Brice ;
77e régiment d'infanterie : colonel Février.
Artillerie : 5e régiment, 5e, 6e et 12e batteries.
Génie : 3e régiment, 9e compagnie de sapeurs.

*2e division d'infanterie :*

Général de division : Bataille, commandant ;
Aide de camp : capitaine Imbourg ;
Chef d'état-major : lieutenant-colonel Loysel.

*Officiers d'état-major :*

Magnan, chef d'escadron ;

Miot, capitaine ;

Truchy, capitaine ;

Commandant l'artillerie : lieutenant-colonel de Maintenant ;

Commandant le génie : chef de bataillon Lesdos ;

Sous-intendant : sous-intendant de 2º classe Lanoaille de La-
chèze ;

Médecins : Thierry de Maugras, médecin-major de 1ʳᵉ classe ;
Sotinel et Cros, médecins aides-majors de 1ʳᵉ classe ; Labrot,
médecin aide-major de 2º classe ;

Pharmaciens : Junilhon, pharmacien-major de 2º classe ;

Officiers d'administration, bureaux : Leyraud, adjudant d'administration en second ;

Hôpitaux : Desportes, adjudant d'administration en premier ;

Subsistances : Lambert, officier d'administration de 2ª classe ;
Rémond, adjudant d'administration en premier ;

Prévôt : capitaine Potelleret ;

1ʳᵉ brigade : général Pouget ;

12ª bataillon de chasseurs à pied : chef de bataillon Jouanne-
Beaulieu ;

8ª régiment d'infanterie : colonel Haca ;

23ª régiment d'infanterie ; colonel Rolland.

2ª brigade : général Fauvart-Bastoul ;

Aide de camp : capitaine Voyer ;

66ª régiment d'infanterie : colonel Ameller ;

67ª régiment d'infanterie : colonel Mangin.

Artillerie : 5ª régiment, 7ª, 8ª et 9ª batteries ;

Génie : 3ª régiment, 12ª compagnie de sapeurs.

### 3ᵉ division d'infanterie :

Général de division de Laveaucoupet, commandant ;

Officiers d'ordonnance : lieutenants Libermann et Boisselier, du
24ª ;

Chef d'état-major : lieutenant-colonel Billot.

*Officiers d'état-major :*

Heilmann, chef d'escadron ;

Abria, capitaine ;

Durieux, capitaine ;

Commandant l'artillerie : lieutenant-colonel Larroque ;

Commandant le génie : chef de bataillon Peaucellier ;

Sous-intendant : sous-intendant de 2º classe Demartial ;

Médecins : Arnaud, médecin-major de 2ᵉ classe; Sabatier et
  Ballet, médecins aides-major de 1ʳᵉ classe;
Pharmacien : Lafon, pharmacien-major de 2ᵉ classe;
Officiers d'administration, bureaux : Rius, adjudant d'adminis-
  tration en second;
Hôpitaux : Cambriels, adjudant d'administration en premier;
  Lory, adjudant d'administration en second;
Subsistances : Baumann, officier comptable de 2ᵉ classe; Legay,
  adjudant d'administration en second;
Prévôt : capitaine Wambergue;

1ʳᵉ brigade : général Doëns, commandant;
Officier d'ordonnance : lieutenant Abria ;
10ᵉ bataillon de chasseurs à pied: chef de bataillon Schenck ;
2ᵉ régiment d'infanterie : colonel de Saint-Hillier ;
63ᵉ régiment d'infanterie : colonel Zentz.

2ᵉ brigade : général Micheler ;
Aide de camp : capitaine Rivière ;
24ᵉ régiment d'infanterie : colonel d'Arguesse ;
40ᵉ régiment d'infanterie : colonel Vittot ;
Artillerie : 15ᵉ régiment, 7ᵉ, 8ᵉ et 11ᵉ batteries ;
Génie : 3ᵉ régiment, 13ᵉ compagnie de sapeurs.

### Division de cavalerie :

Général de division : Lichtlin, commandant;
Aide de camp : capitaine Thomas ;
Chef d'état-major : lieutenant-colonel de Cools.

### Officiers d'état-major :

De la Granville, chef d'escadron ;
De Germiny, capitaine ;
De Saint-Étienne, capitaine;
Sous-intendant militaire : sous-intendant de 2ᵉ classe, de Gra-
  teloup;
Médecins : Beurdy, médecin-major de 1ʳᵉ classe ; Richon, médecin
  aide-major de 1ʳᵉ classe et Millet, médecin aide-major de 2ᵉ classe;
Pharmacien : Balland, pharmacien aide-major de 2ᵉ classe ;
Officiers d'administration, bureaux : Carrère, adjudant d'admi-
  nistration en second ;
Hôpitaux : Faury, adjudant d'administration en second ;
Subsistances : Goussault, adjudant d'administration en premier,
  Bourguignon, adjudant d'administration en second ;
Prévôt : capitaine Charme;
Payeur : Dowling.

1re brigade : général de Valabrègue ;
Officier d'ordonnance : de Léautaud, lieutenant ;
4e régiment de chasseurs : colonel du Ferron ;
5e régiment de chasseurs : colonel de Séréville.

2e brigade : général Bachelier ;
Aide de camp : capitaine de Luppé ;
7e régiment de dragons : colonel de Gressot ;
12e régiment de dragons : colonel d'Avocourt.

*Réserve d'artillerie :*

Colonel Beaudoin, commandant les batteries ;
Colonel Brady, commandant le parc ;
5e régiment d'artillerie, 10e et 11e batteries ;
15e régiment d'artillerie, 6e et 10e batteries ;
17 régiment d'artillerie, 7e et 8e batteries ;
Pontonniers, 2e compagnie ;
Ouvriers, 3e compagnie (1 détachement) ;
Train d'artillerie.

*Réserve du génie :*

Capitaine Poulain, commandant le parc ;
3e régiment du génie, 2e compagnie de sapeurs ;
1er régiment du génie, sapeurs-conducteurs (1 détachement).

*Troupes d'administration :*

Section des commis aux écritures..... 1 détachement ;
Section d'infirmiers militaires........ 1 —
1re section des ouvriers d'art........ 1 —
Section d'ouvriers des subsistances.... 1 —
13e section des ouvriers du campement. 1 —
1er régiment du train des équipages, 2e compagnie légère ;
3e régiment du train des équipages, 4e, 5e et 6e compagnies ;
Ouvriers constructeurs,    compagnie, 1 détachement ;
M. Hennèque.

### Emplacement des troupes au 29 juillet.

Quartier général................. à Saint-Avold.
Division Vergé.................. à Saint-Avold.
Division Bataille ................ à Forbach.
Division de Laveaucoupet........ à Bening.
Division de cavalerie (de Valabrègue), à Bening, Saint-Avold, Merlebach.
Réserve d'artillerie et génie ....... à Saint-Avold.

# Journée du 29 juillet.

## 3e CORPS.

### a) Journaux de marche.

QUARTIER GÉNÉRAL.

#### Journal de marche.

La 2e division va s'établir à Teterchen (1), sa droite à Hargarten, sa gauche à Velving.

La 4e division arrive à Boulay (2).

DIVISION MONTAUDON.

#### Journal de marche.

Séjour à Boucheporn. Le prévôt de la division arrive au camp avec la gendarmerie divisionnaire, sans ustensiles de campement. Ils sont mis en subsistance au 51e.

Marche militaire d'un régiment par brigade, avec un peloton de cavalerie. Ces troupes vont reconnaître la route de Creutzwald et de Carling (3).

---

(1) Voir plus loin le journal de marche de la division de Castagny.

(2) C'est la 1re brigade (de Brauer) seulement qui exécute la marche de Metz à Boulay; la 2e (Sanglé-Ferrière) la suivra le lendemain, 30 juillet.

(3) Extrait des *Souvenirs militaires* du général Montaudon (*) :

« Le 26, je pars pour Boucheporn, non loin de Saint-Avold, où se trouve le 2e corps, et j'y séjourne jusqu'au 31 juillet. Dans les deux campements précédemment occupés (**), ma division est très rapprochée des avant-gardes prussiennes, et plusieurs fois il y a des alertes sans

(*) Paris. Librairie Delagrave, 1900, t. II, p. 65.

(**) Boulay et Teterchen.

## DIVISION DE CASTAGNY.

### Journal de marche.

Le reste de la division de Castagny (1) quitte Boulay
pour aller à Teterchen, distance 8 kilomètres. Départ à

---

importance, il est vrai, mais qui m'obligent à redoubler de vigilance,
afin d'éloigner les uhlans assez osés pour s'approcher de nos vedettes.

« A Boucheporn, je me relie par des détachements avec le 4ᵉ corps
occupant Bouzonville, et avec le 2ᵉ établi à Saint-Avold. Là, je reçois
enfin le génie, le train, la prévôté et le service de la trésorerie et des
postes affectés à ma division ; mais beaucoup d'objets manquent encore :
les chevaux d'ambulance sont sans bâts, les sapeurs n'ont pas de
haches, il n'y a pas de moulins à café, et beaucoup d'officiers,
dépourvus de tente et de couverture, couchent à la belle étoile.

« La composition de la 1ʳᵉ division du 3ᵉ corps, au commandement
de laquelle je fus appelé, par lettre de service en date du 15 juillet
1870, est alors la suivante : »

> *Général de division :* général Montaudon ;
> Chef d'état-major : colonel Folloppe ;
> 1ʳᵉ *brigade.* — Général baron Aymard.
> 18ᵉ bataillon de chasseurs à pied : commandant Rigault ;
> 51ᵉ régiment d'infanterie de ligne : colonel Delebecque ;
> 62ᵉ régiment d'infanterie de ligne : colonel Dauphin.
> 2ᵉ *brigade.* — Général Clinchant ;
> 81ᵉ régiment d'infanterie de ligne : colonel d'Albici ;
> 95ᵉ régiment d'infanterie de ligne : colonel Davout d'Auerstædt.
> *Artillerie.*
> 2 batteries de 4 : lieutenant-colonel Fourgons.
> 1 batterie de mitrailleuses : capitaine Barbe.
> *Génie.* — 1 compagnie : capitaine Marchand (*).
> *Intendance.* — Sous-intendant Puffeney.
> *Prévôté.* — Capitaine Gérodias.

(1) La veille, 28 juillet, le 19ᵉ de ligne avait quitté Boulay pour aller
camper à Teterchen, Hargarten et Falck.

(*) L'historique du 1ᵉʳ régiment du génie indique, comme étant attachée à la
division Montaudon, la 12ᵉ compagnie de sapeurs (capitaine *Maire*) et non la 6ᵉ,
ainsi que le porte l' « Ordre de bataille de l'armée du Rhin ». Le chef de bataillon
*Marchand* commandait le génie de la division.

1 h. 1/2 du soir. Arrivée à 3 h. 1/2. Le 90e de ligne
continue de Teterchen sur Velving, à 3 kilomètres ; le
15e bataillon de chasseurs à pied est parti à 3 kilomètres
en avant, à Tromborn ; le 19e de ligne se concentre à
Hargarten et à Falck (1).

Quatre escadrons du 2e régiment de chasseurs à cheval, sous les ordres du général de Bruchard, sont mis à
la disposition du général de Castagny (2).

*A la 3e division (Metman), l'emplacement des différents
corps est le suivant :*

Quartier général, à Valmunster ;
7e bataillon de chasseurs, 71e de ligne et compagnie du génie, à
  Bouzonville ;
7e et 29e de ligne, à Valmunster ;
59e de ligne, entre Bettange et Gommelange.

### DIVISION DECAEN.

#### Journal de marche.

L'artillerie et la 1re brigade partent de Metz et arrivent le même jour à Boulay ; de même le général de
division avec son état-major et le sous-intendant (3).

---

(1) Quant aux 41e et 69e de ligne, le premier part de Boulay à 10 h. 1/2
pour Teterchen, où il arrive à 1 heure ; le second quitte Boulay à
1 h. 1/2 et campe à Teterchen à 4 heures. La division de Castagny
n'avait donc en réalité qu'un régiment, le 19e de ligne, à Teterchen le
28 juillet, au lieu d'y être tout entière, comme on pourrait le supposer
d'après le tableau officiel des emplacements de l'armée au 28 juillet.

(2) Le même jour, 2 escadrons du 3e chasseurs avaient déjà été mis à
la disposition du général de Castagny.

(3) On a vu, à la page précédente, que la 2e brigade était encore à
Metz le 29 juillet ; quant à la 6e compagnie de sapeurs du 1er régiment
du génie et non la 12e, ainsi que le porte l' « Ordre de bataille de
l'armée du Rhin », attachée à la division Decaen, elle est encore, à la
date du 29, en Algérie, d'où elle ne partira que le 3 août, pour arriver
à Metz le 11 du même mois.

## RÉSERVE D'ARTILLERIE ET PARC DU 3ᵉ CORPS.

### Journal de marche.

La 7ᵉ et la 10ᵉ batteries du 4ᵉ régiment arrivent à Volmérange, où bivouaque la réserve d'artillerie du 3ᵉ corps, vers 10 heures du matin. Elles campent à la droite des batteries du 11ᵉ (11ᵉ et 12ᵉ batteries), arrivées la veille de Metz (1). Avec les 4 premières batteries du 17ᵉ régiment, réunies dès le 27 juillet à Volmérange, les 8 batteries de la réserve se trouvent ainsi réunies en ce lieu (2).

### b) Organisation et administration.

*Le maréchal Bazaine au Major général.*

Boulay, 29 juillet (n° 65).

Monsieur le général commandant la 3ᵉ division d'infanterie m'a rendu compte qu'il existe, au dépôt du 71ᵉ de ligne, 500 hommes prêts à partir. Le Major n'a pas encore reçu d'ordre de départ pour ce détachement, et il serait cependant à désirer qu'il pût rejoindre le plus tôt possible les bataillons de guerre.

J'ai l'honneur de prier Votre Excellence de vouloir bien donner des ordres à cet effet, pour que ce détachement prenne, à son passage à Paris, les effets de campement et les cartouches qui lui manquent (3).

---

(1) C'est par erreur que l' « Ordre de la bataille de l'armée du Rhin », donné dans le premier numéro de la *Revue militaire*, porte les 11ᵉ et 12ᵉ batteries du 12ᵉ régiment comme faisant partie de la réserve d'artillerie du 3ᵉ corps. Il faut lire : 11ᵉ *régiment*.

(2) Le parc d'artillerie est à Metz.

(3) *Annotation en marge :* « Rien à faire. »

*Le maréchal Bazaine au Major général, à Metz.*

Boulay, 29 juillet.

J'ai l'honneur de rendre compte à Votre Excellence que je suis informé que 800 hommes du 60ᵉ de ligne sont retenus à Nancy.

En raison de la faiblesse de l'effectif de ce régiment, je prie Votre Excellence de donner des ordres pour que la plus forte fraction possible de ce détachement, si ce n'est la totalité, soit dirigée sans retard sur la division Decaen, à Boulay (1).

*Le maréchal Bazaine au Major général* (D. T.).

Saint-Avold, 29 juillet, 3 h. 35, soir (nº 2396). Expédiée à 4 h. 20, soir.

Je n'ai ni matériel ni personnel pour mes ambulances de division ou de mon quartier général.

Il me manque :

1ʳᵉ division :  9 bâts pour cantines d'ambulance ;
—          3 bêtes de somme ;
—          2 voitures d'état-major ;
—          4 voitures régimentaires ;
—          1 cantine vétérinaire pour l'artillerie.
2ᵉ division :  4 paires de voitures d'ambulance pour l'artillerie divisionnaire ;
—          11 bâts pour cantines d'ambulance ;
—          7 bêtes de somme.
3ᵉ division :  4 bâts pour cantines d'ambulance ;
—.         10ᵉ chasseurs n'a pas de bêtes de somme.
4º division :  Est encore à Metz.
Division de cavalerie : Dragons : Cantines médicales et vétérinaires pour 2 régiments.
            6 bâts ;
            17 voitures régimentaires.
Artillerie de réserve : N'a pas de cantines d'ambulance.
Génie de réserve : N'a ni personnel ni matériel pour les hommes et les chevaux. Demande une voiture régimentaire.

(1) *Annotation en marge :* « Rien à faire. »

*Le Major général au maréchal Bazaine, à Boulay.*

Metz, 29 juillet (n° 120).

En réponse à votre dépêche télégraphique en date de ce jour, j'ai l'honneur de vous prévenir :

1° Que les ambulances du 3ᵉ corps étaient immobilisées à Metz faute de transport. Une compagnie du train, arrivée ce soir, s'organisera et partira dans les vingt-quatre heures (au plus tard le 31, à 3 heures du matin), pour Boulay, avec les 6 ambulances divisionnaires (personnel et matériel) ;

2° 30 bâts pour bêtes de somme partiront par le même convoi ;

3° Il n'existe, à Metz, ni cantines médicales ou vétérinaires, ni voitures régimentaires ou d'état-major. Je demande au Ministre d'en envoyer si c'est possible ;

4° Pour les bêtes de somme, c'est à la commission de remonte éventuelle du 3ᵉ corps, conformément à la lettre ministérielle du 19 juillet dernier, d'en acheter le plus tôt possible sur place et de les livrer aux ayants droit ;

5° Quant au génie de réserve, l'administration déclare qu'aucun besoin ne lui avait été signalé jusqu'à ce jour.

J'écris au Ministre pour lui demander de désigner sans retard le personnel médical et fixer le matériel qui doivent lui être attribués.

*Note du sous-intendant militaire Lahaussois, pour le lieutenant-colonel d'Orléans, chef d'état-major de la division Metman.*

(Formation des équipages régimentaires auxiliaires.)

29 juillet.

J'apprends que la 2ᵉ division de notre corps a formé son équipage en requérant, dans les communes du canton de Boulay (Gommelange et Bettange en font partie), 100 voitures, dont 20 à peu près pour les régiments.

J'estime qu'il serait fort commode et très rapide d'user

du même moyen vis-à-vis du maire de Bouzonville, en lui donnant l'ordre de requérir, dans les communes de son canton, un certain nombre de voitures.

| | | |
|---|---|---|
| | 2 voitures par régiment d'infanterie.... | 8 |
| Nombre | 1 — pour les chasseurs à pied.... | 1 |
| de | 1 — pour le génie............. | 1 |
| voitures. | 4 — pour le régiment de cavalerie. | 4 |
| | 3 — pour l'artillerie........... | 3 |
| | TOTAL........... | 17 |

Le colonel Lalanne (1) en a deux excellentes, dont il s'est emparé à Metz.

Resteraient 15 voitures à requérir.

Enfin, dans le village, j'ai 2 voitures demandant à marcher.

Resteraient 13 voitures seulement à demander à Bouzonville.

L'ordre que j'ai vu est ainsi conçu :

Les voitures doivent pouvoir porter 10 à 15 quintaux.

*Dix francs* par jour et par cheval.

En cas de perte du cheval : 250 *francs d'indemnité.*

En cas de perte de la voiture : 400 *francs d'indemnité.*

Vous pourriez ordonner que les 13 voitures soient rendues demain, à 4 heures, au quartier général, rassemblées par la gendarmerie, et réparties par vous entre les corps (excepté le régiment du colonel Lalanne).

Je vous ferai parvenir, à cette heure, deux bonnes voitures de Bettange.

*Du général de Rochebouët, commandant l'artillerie du 3e corps.*

*Ordre du 28 juillet,* porté à la connaissance des troupes le 29 juillet :

Au moment où l'armée va commencer ses opérations,

_____

(1) Du 29ᵉ de ligne.

le général de division commandant l'artillerie du 3ᵉ corps
d'armée, rappelle aux officiers supérieurs d'artillerie et
aux commandants de batterie l'étude et l'exécution de
toutes les prescriptions contenues dans le cahier intitulé :
*Observations sur le service de l'artillerie en campagne.*

Il importe que tous les officiers de l'arme aient con-
stamment présents à l'esprit des préceptes dictés par la
plus haute expérience.

Le général commandant l'artillerie recommande, en
outre, diverses précautions de détail, qui sont, pour la
plupart, consignées dans les règlements, et qu'il est indispensable de ne pas omettre quand on se trouve à proximité de l'ennemi :

S'assurer que les canonniers sont pourvus de tire-feu,
sacs à étoupilles, et que les armements sont en parfait
état, qu'ils peuvent être facilement détachés des affûts.
Faire passer le tire-bourre dans les pièces et le dégor-
geoir dans les lumières. S'assurer que les vis de poin-
tage tournent librement dans leurs écrous ; que l'on
peut retirer les charges de leurs cases ; que les obus
n'adhèrent pas aux porte-obus ; que les hausses peuvent
glisser dans le canal et que les curseurs peuvent glisser
sur leurs tiges.

Les pièces ne doivent porter aucun objet en sur-
charge. Les caissons des batteries de combat portent de
l'avoine pour un jour. Les sacs d'avoine sont fixés sur
les marchepieds de manière à ne pas empêcher d'ouvrir
les coffres ; le reste de l'avoine est porté par les voitures
de la réserve.

Dans le parc divisionnaire, les voitures sont rangées
dans l'ordre de leur utilité probable. En tête doivent
marcher les caissons de cartouches. L'avoine et les effets
de campement sont chargés sur les dernières voitures,
de préférence sur les voitures à quatre roues. Les caissons à deux roues ne devront porter de l'avoine que pour
un jour.

Les batteries devront, autant que possible, être déployées avant de se porter au feu. Les pièces doivent avoir au moins 20 mètres d'intervalle, si le terrain le permet. Quand on se déplace sur le terrain de l'action, les chefs de section veillent à ce que les chefs de pièce ne se serrent pas, en prenant, par habitude, les intervalles usités dans les polygones.

Pour toutes les dispositions à prendre pendant le combat et pour le choix des positions, on ne peut mieux faire que de se reporter au chapitre III du travail déjà cité. MM. les officiers porteront leur attention, d'une manière spéciale, sur les conseils donnés à la page 35, pour dissimuler leurs batteries derrière les crêtes et mettre à l'abri leurs avant-trains et leurs caissons.

Les commandants de batteries profiteront du peu de jours qui leur restent pour pousser l'instruction des servants qui appartiennent à la 2e portion du contingent, et pour exercer les conducteurs qui appartiennent à la même catégorie, à atteler et dételer rapidement.

Les directeurs des parcs divisionnaires prendront les mêmes soins, en ce qui concerne le service du caisson à deux roues.

### c) Opérations et mouvements.

RAPPORT DU 29 JUILLET.

. . . . . . . . . . . . . . . . . . . . . . . . .

Le Maréchal rappelle à MM. les généraux divisionnaires qu'aux termes de l'art. 48 du Service en campagne, leurs quartiers généraux doivent, autant que possible, être établis au centre de leur commandement et sur les grandes voies de communication.

Les corps n'auront aucun moyen de transport auxiliaire pour se faire suivre de leurs petits dépôts ; MM. les généraux de division et commandants d'armes donneront les ordres nécessaires pour la constitution, sous la garde de l'autorité civile, de ces petits dépôts, à Boulay et autres lieux qu'ils occupent.

Le Maréchal recommande qu'il ne lui soit envoyé sous son nom que la correspondance relative aux mouvements et renseignements.

Tout ce qui est discipline, service, administration, rapports journaliers, doit être envoyé au chef d'État-Major général.

*Le document qui va suivre est doublement intéressant, en ce qu'il fait ressortir l'inutilité de mettre la majeure partie de la 3e division du 3e corps à Valmunster—Gommelange, alors que la 2e occupait Teterchen depuis le 28 ; et qu'il suggère de nombreuses réflexions au sujet des dispositions tactiques prévues pour l'occupation de la position Bouzonville—Valmunster. Il semble qu'eu égard à l'occupation de Teterchen par la 2e division et à la nécessité de se ménager un débouché ultérieur, il suffisait à la 3e division de tenir par des avant-postes le plateau à l'est et de se concentrer derrière le bois à l'ouest de la ligne Bouzonville—Alzing—Brettnach.*

*Rapport du général Metman au maréchal Bazaine.*

Valmunster, 29 juillet.

J'ai fait ce matin la reconnaissance de tout le terrain compris entre Valmunster, Alzing, Bouzonville et toute la rive gauche de la Nied, par Freistroff, Anzeling et Gommelange.

Il résulte de cette opération que la conservation de Bouzonville est indispensable, comme défendant la route de Sarrelouis à Metz, par Boulay, et celle de Sarrelouis à Thionville et Sierck, et comme étant notre seul centre d'approvisionnement. Mais cette position, dominée de tous les côtés, met la gauche de ma division en l'air, puisque l'ennemi peut pénétrer par une route venant

l'ordre des départs successifs arrêtés par le général en chef lui-même, et que le commandant de l'artillerie voulait maintenir.

Il en résulta de nouveaux retards, de sorte que ce ne fut que le 19 au matin qu'on put expédier les premières voitures des équipages. On les chargea avec le sucre, le café, quelques instruments de distribution et et on les fit suivre d'un détachement de 60 ouvriers d'administration. Le 18 au soir, le sous-intendant resté au camp avait fait partir, sur l'ordre du général en chef, 3 adjoints d'administration du camp par le train qui emmenait à Saint-Avold les fonctionnaires de l'intendance des 3 divisions d'infanterie arrivés au camp après le départ de ces troupes.

Le 20 juillet, on put faire une première distribution de sucre et de café.

Les fonctionnaires de chaque division étant arrivés à cette date, on put commencer à organiser les services administratifs.

La place de Metz envoyait chaque jour le nombre de rations de pain nécessaires, moins 4,000 rations fabriquées à Sarreguemines et 2,000 à Forbach, par l'industrie privée. A Saint-Avold, les fours des boulangers civils suffisaient à peine à la fabrication du pain de soupe et à la consommation des nombreux isolés qui la traversaient ou séjournaient dans cette place.

Dès les premiers jours, l'intendant se préoccupa de constituer entre les mains des troupes une réserve de deux jours de biscuit; mais l'envoi et la répartition des rations de pain par la place de Metz, ainsi que la fourniture des boulangeries de Sarreguemines et de Forbach étaient souvent l'objet d'erreurs ou de retards, et chacune de ces difficultés se traduisait par la consommation d'une partie de cette réserve ordonnée chaque fois par le commandement local, habitué à la régularité et à la ponctualité des distributions du camp de Châlons, n'exa-

minant même pas les causes des retards et les probabilités de leur peu de durée, et ignorant d'ailleurs, comme
l'administration, au milieu de quelle pénurie de cette
denrée la campagne s'ouvrait.

Cette réserve de vivres entre les mains des hommes
fut dès les débuts une sorte de tonneau des Danaïdes
qu'il était impossible de conserver plein pour les jours
où elle devait servir.

Cette situation créa de fâcheuses habitudes, en accou-
tumant les hommes à toucher presque chaque jour à
leur réserve et à la voir remplacer sans difficulté. Dans
cette première période aussi, on trouva malheureusement un semblant de prétexte pour fermer les yeux sur
des habitudes de maraudage qui devinrent une véritable plaie dans la suite.

Nous avons dit que les troupes n'avaient rien trouvé
en arrivant sur le terrain. L'intendant général de l'armée n'avait guère trouvé davantage à Metz. Il était
impossible de mettre les troupes sur le pied de guerre
en leur servant leurs rations en nature. On les plaça
sous le régime du pied de rassemblement et, de la tête
aux derniers organes de l'administration, on essaya de
faire face à la situation par un mot plus commode à dire,
que la chose qu'il exprimait n'était facile à exécuter :
« Créez des ressources sur place ». (Débrouillez-vous).

L'intendant général, n'ayant rien ou presque rien à
donner, répondit aux demandes de l'intendant du corps
d'armée : « Je vous charge de pourvoir vous-même aux
besoins de votre corps d'armée » et, comme Saint-Avold
n'offrait pas plus de ressources que les autres points,
force fut à ce haut fonctionnaire de déléguer à chaque
sous-intendant la même mission pour la plupart des
besoins des troupes qu'il était chargé d'administrer ; et
l'administration se mit à fonctionner sur ces bases avec
toute l'activité possible.

L'intendant général passait des marchés à Metz avec

le commerce local, pour la constitution des réserves qu'il destinait aux corps d'armée, pour les circonstances où leurs propres ressources leur feraient défaut.

L'intendant du corps d'armée en faisait autant dans le rayon d'occupation de ses troupes.

Chaque sous-intendant cherchait à en faire autant pour sa division.

Mais les chemins de fer, ne l'oublions pas, étaient insuffisants pour le transport des troupes et du matériel de guerre. Les sous-intendants dont les troupes occupaient Bening, Merlebach et même Forbach ne trouvaient rien sur place et venaient à Saint-Avold où ils créaient une concurrence aux opérations faites par l'intendant.

Saint-Avold lui-même étant mal pourvu, l'intendant dut pour certaines denrées s'adresser aux négociants de Metz.

Le programme donné avait été de réunir dans chaque division une réserve de huit jours de vivres de campagne et d'assurer en outre le service courant. Le quartier général devait en faire autant pour l'effectif du corps d'armée en ce qui concernait la réserve. Mais une grande partie des engagements pris par les négociants ne purent être exécutés en raison du défaut de moyens de transport, absorbés sur les chemins de fer par l'État.

D'ailleurs, dans les premiers jours, le service des transports n'étant pas organisé, les divisions, comme le quartier général, n'eussent pu emporter des approvisionnements à leur suite et l'on ne trouvait pas partout des magasins suffisants pour suppléer aux magasins mobiles que fournissent les voitures en station comme en marche.

Les dix jours qui s'écoulèrent du 20 au 30 juillet furent employés à ces diverses opérations d'achat pour les denrées suivantes : lard, sucre, café, sel, riz, avoine, foin.

Pendant la même période, le corps d'armée reçut, des

réserves générales de l'armée, du biscuit, et enfin le matériel d'exploitation du service des subsistances, avec l'ordre d'installer les fours, de se procurer de la farine et de fabriquer le plus tôt possible le pain que la place de Metz ne pouvait plus livrer.

Les instructions de l'intendant général portaient qu'on devait organiser une place de dépôt et de fabrication à Saint-Avold ; mais, sur les observations qui lui furent présentées relativement à l'éloignement de la gare de cette place, il fut décidé que ce dépôt serait organisé à Forbach. Depuis, les écrits des stratégistes nous ont appris qu'on ne voulait pas passer la Sarre et que le plan était de forcer le passage du Rhin à Maxau. Dans cette hypothèse, le dépôt de Forbach était une grosse faute que le commandement n'eût pas dû laisser commettre, quand même il eût voulu garder le secret vis-à-vis de l'intendant ; si ce projet avait été connu de ce dernier, il n'aurait pas insisté pour s'établir à Forbach, et en supposant le 6 août, le 2ᵉ corps n'y aurait pas tout perdu.

Des fours furent montés à Saint-Avold pour la 1ʳᵉ division et le quartier général, mais, à peine avaient-ils fonctionné pendant quarante-huit heures, que l'ordre fut donné d'établir le quartier général à Forbach, le 31 juillet.

Chaque division avait reçu la part de matériel qui lui était destinée. En arrivant à Forbach, on y réunit tous les fours du corps d'armée au nombre de 11, et l'on installa à la gare une manutention avec laquelle on pourvut aux distributions de pain pour tout le corps d'armée.

Pour cette fabrication, des achats de farine furent faits par le 2ᵉ corps à Sarreguemines et surtout à Metz. ..... En même temps, l'intendant général faisait expédier à l'intendant du corps d'armée les denrées qui devaient constituer le dépôt dont il avait ordonné la création à Forbach : lard salé, riz, sucre, café, avoine, eau-de-vie, foin en balles pressées, farine, etc....

Le 3ᵉ corps d'armée, qui avait appuyé le 31 juillet jusqu'à Forbach, où une de ses divisions campait le 1ᵉʳ août, reçut également une certaine quantité de denrées, en gare de Forbach.

Les 3 compagnies du train des équipages qui se trouvaient au camp de Châlons avaient suivi le quartier général, mais avec un effectif de voitures très restreint pour les raisons suivantes : 1° au camp de Châlons tous les transports ayant lieu avec des demi-attelages, lorsqu'il fallut les organiser sur le pied de guerre avec des attelages complets, on n'avait pu atteler que la moitié des voitures ; 2° en l'absence de voitures spéciales pour les états-majors, le général commandant le 2ᵉ corps, avait fait délivrer pour les remplacer des caissons du train qui étaient autant de non-valeurs pour le service normal.

On avait suppléé au manque de voitures régulières par des réquisitions adressées aux communes de l'arrondissement de Sarreguemines. D'un autre côté, l'intendant général avait réuni à Metz des voitures auxiliaires des départements voisins et en avait mis 250 à la disposition de l'intendant du 2ᵉ corps (1).

*Exécution du service des vivres-viande.* — Au camp de Châlons, les troupes pourvoyaient elles-mêmes à la fourniture de la viande par l'intermédiaire de la commission des ordinaires, comme dans les garnisons.

De 1857 à 1861, l'administration avait pourvu à cette fourniture, non sans de grandes difficultés, résultant plus des prétentions des fournisseurs et de leur mauvaise foi, et des exigences des troupes, que de la nature même du service.

En 1861, la création des commissions d'ordinaires

---

(1) Ce fonctionnaire ne les eut effectivement à sa disposition que le 2 août.

donna l'idée de leur confier cette fourniture, et ce système fut suivi avec avantage jusqu'en 1866. En 1867, lorsqu'on put craindre une guerre avec la Prusse, l'administration revint au système de fourniture directe, et passa avec un négociant un marché comprenant, non seulement l'obligation de pourvoir les troupes réunies au camp, mais encore, moyennant des conditions spéciales, de continuer la fourniture en cas de marche en avant jusqu'à concurrence de 50,000 rationnaires.

Rien de tout cela n'avait été prévu en 1870. Le 15 juillet, les commissions des ordinaires fonctionnaient au camp de Châlons comme les deux années précédentes.

Il en fut de même dès l'arrivée du 2ᵉ corps dans les cantonnements qu'il occupa entre Saint-Avold et Forbach.

Toutefois, si peu préparés que nous fussions à faire la guerre, l'administration devait s'efforcer de traiter les troupes sur le pied de guerre le plus tôt possible, d'autant plus que les ressources locales étaient très restreintes et que, d'un autre côté, il faudrait bien se mettre en route.

Des ordres furent donnés pour faire passer le 2ᵉ corps sur le pied de guerre à partir du 1ᵉʳ août.

Le Ministre avait réservé l'exécution du service des vivres-viande à un entrepreneur général pour toute l'armée; mais l'adjudication de cette fourniture ne put avoir lieu avant cette date, et le cahier des charges qui la réglementait ne fut arrêté que le 22 juillet.

L'intendant général avait prescrit, le 25 juillet, à l'intendant du 2ᵉ corps, de passer un marché pour la fourniture de la viande nécessaire à son corps d'armée pendant les vingt premiers jours du mois d'août, afin de permettre d'assurer le service en attendant que l'entrepreneur à intervenir eût réuni ses ressources et son personnel. Il n'y avait, dans le rayon d'occupation du 2ᵉ corps, aucune maison s'occupant du commerce de bestiaux ou de boucherie, qui fût en état de prendre à sa charge cette fourniture, qui allait exiger la consommation journalière de 90 à 100 têtes de bœufs ou vaches.

Sur les indications données par la municipalité de Saint-Avold, l'intendant fit appel à quelques négociants israélites, et, au bout de quarante-huit heures de pourparlers, il conclut, au prix de 1 fr. 80 le kilogramme de viande distribuable, un marché avec les sieurs Cahen Bernard, banquier ; Hirsch, marchand de biens ; Hertz Gottlieb, industriel à Saint-Avold, et Cerf Francfort, éleveur et marchand de bestiaux à Metz.

Le marché stipulait pour l'entreprise l'obligation de réunir le nombre de toucheurs nécessaires, d'organiser autant de parcs qu'il y avait de divisions, d'attacher à chaque parc secondaire, ainsi qu'au parc central du quartier général, un préposé, de tenir des comptes d'entrée et de sortie, etc.....

*Exécution des transports réguliers et auxiliaires au 2e corps.* — Le 2e corps d'armée avait auprès de lui, au camp de Châlons, les cadres de trois compagnies du train des équipages, qu'il emmena avec lui sur la frontière. Il fut un des privilégiés, et quand on a examiné tout ce que le service des transports a présenté de défectueux, on peut dire sans crainte que c'était encore pire dans les autres corps.

Les équipages servant aux transports à la suite d'une armée, sans parler des transports particuliers de l'artillerie et du génie, comprennent :

1º Les équipages des états-majors ;

2º Les équipages régimentaires ;

3º Les équipages affectés aux ambulances ;

4º Les équipages affectés aux services des subsistances et du campement.

Les trois premiers articles sont moins variables que le dernier. Le nombre de voitures nécessaires au trans-

port des bagages des officiers des corps de troupe et
des états-majors peut être fixé et préparé à l'avance,
suivant la composition adoptée pour les divisions. Il en
est de même des équipages affectés aux ambulances.
Ils comprennent les voitures destinées au transport des
médicaments et objets de pansement, au transport et à
l'enlèvement sur le champ de bataille des blessés ou
malades, et enfin du matériel complémentaire : brancards, couvertures, ustensiles de cuisine, vivres,
liquides, etc..... Cette dernière catégorie rentre dans les
moyens employés au transport des réserves générales de
vivres et d'effets; mais les deux premières espèces de
voitures, ainsi que les cacolets et les litières servant au
transport des blessés à dos de mulets, constituent un
matériel spécial dont la répartition par division doit être
arrêtée à l'avance, qui n'est pas employé en temps de
paix, et qui devrait être prêt à entrer en service au premier ordre de mobilisation.

Quant aux voitures destinées au transport des réserves
de vivres et d'effets, elles comprennent tous les genres
de véhicules que l'administration peut se procurer,
depuis le lourd caisson de 1000 rations de pain, qui n'en
porte guère plus de 600, jusqu'à la charrette attelée d'un
âne, que le plus pauvre cultivateur peut être requis de
fournir.

Depuis 1867, on avait promulgué un règlement sur
le service des transports en campagne, prévoyant et
réglant l'emploi de toutes les espèces de voitures aux-
quelles on peut avoir recours. Le maréchal Niel avait
commencé à réunir au camp de Châlons un approvisionnement de voitures, harnais, bâts, etc...., dont il comptait organiser la dotation du corps qui, en cas de guerre,
devait être formé sur ce point.

Au mois de juin 1869, visitant les magasins où ces
voitures devaient être réunies, le maréchal Niel dit à
l'Empereur, en présence des officiers qui les accompa-

gnaient, qu'à son arrivée en 1867 au ministère, ayant
appris que les voitures de l'administration étaient enger-
bées à Vernon, il avait fait étudier les moyens de les
mettre en mouvement, et qu'il avait reconnu que ce travail devait exiger une durée de six mois avant qu'elles
fussent rendues sur la frontière. Il l'avait alors fait exécuter avec moins de rapidité, mais de manière qu'en
cas de guerre chaque division reçût, avec l'ordre de
départ, avis du point où elle trouverait ses équipages, et
ces équipages, ajoutait le Maréchal, seront répartis de
telle sorte, que la moitié des divisions les trouve à son
point de concentration et l'autre moitié au point de
départ. A cette époque, les magasins du camp de Châlons s'achevaient. Il y avait environ 350 voitures réunies
sur ce point. Ce nombre s'éleva peu après à 460 ou 470,
puis tout envoi cessa, et au moment où la déclaration de
guerre fit partir pour la frontière le corps d'armée du
général Frossard, il y avait dans ces magasins 11 voitures d'équipages régimentaires de cavalerie, une d'infanterie et une d'officier général, 10 voitures dites Masson
à deux brancards, 50 bâts de litière, 150 bâts de cacolets;
le reste comprenait des chariots à exhaussement, et des
caissons de 1000 à 1200 rations, modèles 1848 et 1866.
Il n'y avait pas un caisson d'ambulance.

Les 3 compagnies du train des équipages réunies sur
ce point présentaient un effectif de 330 chevaux de trait.
Elles disposaient d'un grand nombre de voitures, dont 80
chariots-fourragères, qu'on n'emploie pas en campagne,
et 11 voitures-omnibus, pour le transport des malades.
Une quarantaine de chariots et autant de caissons com-
plétaient le matériel roulant en service.

Le Ministre n'avait pas cru devoir fixer à l'avance les
allocations de transport à mettre à la disposition des
officiers des états-majors et sans troupe.

L'une des premières questions posées par les généraux
à la réception de l'ordre de départ, fut celle des moyens

de transport. Le général en chef remit à un autre moment le règlement des voitures régimentaires et des divers officiers sans troupe ; mais il prescrivit à l'intendant de mettre à la disposition de chaque général de division : un caisson modèle 1848, attelé à 4 chevaux ; à chaque général de brigade, un caisson du même modèle, attelé à 2, et à la disposition de chaque chef d'état-major et sous-intendant divisionnaire, un caisson modèle 1866, attelé à 2 chevaux. Le Ministre prescrivit, au dernier moment, de livrer les voitures d'équipages régimentaires de cavalerie à la brigade de cuirassiers du général Girard, qui allait se rendre à Lunéville, par terre, et d'atteler à 4 chevaux ce que l'on pourrait, avec les ressources des 3 compagnies du train, à raison de 1 chariot sur 2 caissons modèle 1848, et avec 2 forges par compagnie.

On put, avec le nombre de chevaux existant alors et en conservant, haut le pied, le strict nécessaire, atteler 75 voitures. Le caisson, affecté au général Pouget, fut pris avec lui à Forbach ; le général Frossard en conserva un pour son usage personnel, jusqu'à la capitulation, de sorte que, même après avoir fait rentrer les caissons affectés aux généraux et aux états-majors, lorsqu'ils eurent reçu leurs voitures réglementaires, l'intendant du 2e corps d'armée n'eut à sa disposition que 66 caissons ou chariots, pour les besoins de tout le corps d'armée et très peu purent être attelés à 4.

Malgré ce que le maréchal Niel avait dit en 1869, les divisions du 2e corps qui n'avaient pu recevoir leurs voitures au départ du camp, ne les trouvèrent pas davantage en arrivant à leur point de concentration à Metz. D'ailleurs, pour se servir de voitures, il fallait des chevaux, et le Ministre de la guerre n'en avait pas préparé davantage. Le passage du pied de manœuvre au pied de guerre, indépendamment des besoins des officiers de toutes armes et de tous grades qu'on ne remonte qu'en campagne ou qui doivent alors compléter le nombre de leurs montures, exigeait, rien que pour le 2ᵉ corps, environ 230 voitures à 1 ou 2 chevaux et 250 chevaux.

Ce ne fut qu'après la déclaration de guerre et la concentration des troupes sur la frontière qu'on envoya, de Toul et de Vernon, les voitures, et qu'on chargea les corps de troupe et les états-majors d'organiser des commissions d'achat, pour se pourvoir sur place du nombre de chevaux nécessaire.

Les voitures n'arrivèrent qu'après la concentration du corps d'armée à Forbach.

### b) Organisation et administration.

DIVISION BATAILLE.

*Rapport journalier du 28 au 29 juillet.*

Forbach, 29 juillet.

La 9ᵉ batterie du 5ᵉ d'artillerie (*canons à balles, capitaine Dupré*), est arrivée hier soir, 28 juillet.

Le personnel du « Trésor et Postes » est arrivé le 28 juillet (1).

*Le général Frossard au Major général, à Metz* (D. T.).

Saint-Avold, 29 juillet, 8 h. 10, matin (n° 2350).

Les troupes du 2ᵉ corps occupent les mêmes emplacements qu'hier. L'effectif s'est augmenté de 104 hommes et 95 mulets de la 2ᵉ compagnie légère du train des équipages.

---

(1) *Ordre général n° 7.*

Saint-Avold, 29 juillet.

Le service de la Trésorerie du 2ᵉ corps d'armée, quartier général et divisions, fonctionnera à dater du 1ᵉʳ août.

A partir de demain, 30 juillet, le service des Postes sera fait par les soins des agents du ministère des finances détachés à l'armée.

*Le général Frossard au Ministre de la guerre, à Paris.*

Saint-Avold, 29 juillet.

Vous dites, par dépêche du 29, au général Gagneur (1)
« Equipage de pont du 2ᵉ corps (matériel et personnel)
prêt à Strasbourg. Provoquer les ordres de mouvement
nécessaires ».

Un télégramme du colonel, commandant l'artillerie à
Strasbourg, reçu en même temps dit : « La 3ᵉ compagnie
du train n'a pas reçu de destination, n'a que 70 chevaux
de trait ».

Prière d'aviser au plus tôt.

*Le général Frossard au général Uhrich, commandant
la 6ᵉ division militaire à Strasbourg.*

Saint-Avold, 29 juillet.

Le Ministre annonce, date du 29 juillet, que l'équipage
de pont du 2ᵉ corps, hommes et chevaux, est prêt à
partir.

En même temps, un télégramme du colonel commandant l'artillerie à Strasbourg, dit : « La 3ᵉ compagnie du
2ᵉ régiment du train n'a pas reçu de destination, n'a que
70 chevaux ».

Cette compagnie recevra ce soir, d'Auxonne, 55 hommes et 100 harnais du 2ᵉ régiment du train. Complétez
immédiatement la compagnie en chevaux, avec toutes les
ressources existant à Strasbourg. Très urgent. Réponse
télégraphique.

*Le général commandant à Lille, au général Frossard,
à Saint-Avold* (D. T.)

Lille, 29 juillet, 3 h. 47, soir (n° 191). Expédiée à 5 h. 47, soir.

Le détachement de 600 hommes du 24ᵉ manque de
tous les ustensiles de campement et de 1/3 des pièces de
rechange pour les fusils.

(1) Commandant l'artillerie du 2ᵉ corps.

*Le Ministre de la guerre au général Frossard, à Saint-Avold.*

Paris, 29 juillet.

J'ai l'honneur de vous prier de vouloir bien me faire connaître, le plus promptement possible, et avec toute l'exactitude désirable, le nombre de chevaux de selle qui seraient nécessaires pour compléter la remonte des officiers sans troupe, d'infanterie et assimilés, qui sont sous votre commandement.

Vous me ferez connaître, en même temps, si vous pensez que la commission de remonte de votre corps d'armée puisse se les procurer directement.

Dans le cas contraire, je prescrirais l'envoi de chevaux, dans la limite des ressources des dépôts, à la commission de remonte qui demeurera chargée de faire la répartition des animaux.

*Le général Frossard au général Bataille, à Forbach.*

Saint-Avold, 29 juillet.

L'intendant me rend compte que l'administration n'est pas en mesure de délivrer aux corps les moyens de transport, pour les cantines d'ambulance régimentaires et pour les cantines vétérinaires.

Dans ces circonstances, il faut donc que les corps tâchent de se procurer, par des achats directs, ce qu'on ne peut leur faire distribuer.

Les renseignements qui me sont fournis ne me permettent pas d'espérer que l'on puisse trouver des bâts dans la contrée que nous occupons ; mais, les commissions de remonte établies dans chaque corps doivent se préoccuper, dès à présent, de l'achat des chevaux de bât nécessaires. De leur côté, les chefs de corps feront des recherches et, au fur et à mesure qu'ils en trouveront la possibilité, ils achèteront ou feront fabriquer les bâts dont ils ont besoin.

Enfin, et tant que les moyens de transport, à dos de

cheval ou de mulet, n'auront pas été organisés, on chargera les cantines d'ambulance sur les voitures affectées aux bagages régimentaires.

En vertu d'une décision récente, le nombre de paires de cantines d'ambulance à délivrer à chaque corps est égal au nombre de médecins affectés au corps.

On se réglera sur cette base pour l'achat des animaux et des harnachements.

*Le général Frossard au général Bataille et au général de Valabrègue* (commandant la division de cavalerie).

Saint-Avold, 29 juillet (n° 230).

Vous me faites connaître, au rapport de ce jour et en une lettre d'hier, n° 194, que des dispositions ont été déjà prises pour l'installation, « à Forbach », des petits dépôts des corps de votre division et de ceux de la brigade de chasseurs.

Mon intention étant de placer à Forbach les petits dépôts des 4 régiments de cavalerie, vous voudrez bien faire réserver un local pour les 7e et 12e régiments de dragons. J'invite le général commandant la division de cavalerie à se concerter avec vous à ce sujet.

Je vous prie de prendre, sans retard, toutes les mesures nécessaires pour l'organisation et l'installation du petit dépôt des chasseurs du corps sous vos ordres ; les corps dont le petit dépôt ne serait pas encore arrivé, devant créer un petit dépôt provisoire.

Chaque petit dépôt sera commandé par un officier.

S'il se trouvait, dans votre division, un capitaine auquel son état de santé ne permettrait pas d'endurer de grandes fatigues, vous lui donneriez le commandement de tout ce qui restera à Forbach, après notre départ. Autrement, le lieutenant d'habillement le plus ancien de grade prendrait le commandement.

Il n'y aura pas lieu de vous préoccuper de l'artillerie et du génie. Les petits dépôts de ces deux armes seront installés à Saint-Avold, par les soins des généraux qui les commandent.

Veuillez me rendre compte de l'exécution de ces différentes dispositions.

*Le général Frossard au général Bataille, à Forbach.*

Saint-Avold, 29 juillet.

Envoi à M. le général commandant la 2ᵉ division d'infanterie, de « vingt et un » exemplaires « d'une note relative à la mise hors de service des bouches à feu de campagne de l'armée prussienne », qui seront répartis de la manière suivante :

| | |
|---|---|
| Officiers généraux | 3 |
| Chef d'état-major | 1 |
| Chefs de corps | 5 |
| Chefs de bataillon | 12 |
| Total | 21 |

*Pareil envoi est fait, à la même date, au général Vergé, commandant la 1ʳᵉ division d'infanterie du 2ᵉ corps.*

### c) Opérations et mouvements.

*Rapport de grand'garde* (8ᵉ de ligne) *du* 28 *au* 29 *juillet :*

Un détachement de francs-tireurs de la 2ᵉ brigade (*Fauvart-Bastoul*) a occupé hier soir la maison de douane située à 500 mètres en avant de mon poste avancé, sur la route de Sarrebrück.

Les francs-tireurs ont fouillé, ce matin au lever du soleil, le terrain en avant de nos avant-postes, jusqu'au mamelon situé à moitié chemin du champ de manœuvres que l'ennemi occupe ordinairement, pendant le jour, avec quelques hommes. Cette position était inoccupée. Le détachement de francs-tireurs s'est ensuite porté vers la droite, où il a eu un engagement prolongé avec une ligne de tirailleurs ennemis, qui se termine en ce moment, 5 h. 1/4, par la retraite des Prussiens.

Je n'ai pas de détails sur cette affaire, qui s'est passée à un kilomètre en avant de moi et sur ma droite.

*Le général Bataille au général Frossard.*

29 juillet (n° 25).

Le rapport d'hier est parti avant la rentrée d'une reconnaissance faite par un bataillon du 66e de ligne.

Descendant de Spicheren sur Grosbliederstroff, passant par les villages d'Alsting et de Zinzing, ce bataillon est venu reconnaître les rives de la Sarre et s'est relié avec les troupes de la 2e division du 3e corps, qui étaient également en reconnaissance de ce côté.

Le bataillon du 66e n'a remarqué aucun mouvement sur la rive droite de la Sarre.

Hier 28, vers 1 heure de l'après-midi, le général de division s'est porté sur la route de Sarrebrück, avec un détachement de cavalerie, et a fait une démonstration en avant des grand'gardes, dans l'intention de faire sortir de leur poste d'observation habituel les troupes qui se tiennent en arrière de la Maison-Rouge.

4 pièces de canon, mises en batterie sur les hauteurs de Spicheren, devaient, à un signal donné, ouvrir le feu sur les troupes qui se seraient montrées (1).

Un orage des plus violents, qui éclata en ce moment même, retint les postes prussiens dans leurs abris. 200 ou 300 hommes, environ, s'étaient néanmoins réunis sur le champ de manœuvres et les vedettes avaient été augmentées.

Dès que le temps se fut assez éclairci pour permettre aux artilleurs de pointer, ils ont dirigé leur feu sur la

---

(1)            *Rapport journalier du 28 au 29 juillet.*

Forbach, 29 juillet.

Les **4** pièces de la 8e batterie du 5e d'artillerie (*capitaine Benoît*) établies sur le mamelon en avant de Spicheren, ont tiré chacune **4** coups.

par Oberdorff sur Alzing, et là, gravir un énorme plateau
compris entre la route de Bouzonville à Teterchen par
Alzing et Brettnach, celle de Teterchen à Valmunster,
et celle de Valmunster à Bouzonville par Holling,
Remelfang et Vaudreching. Une fois sur ce plateau,
l'ennemi domine toute la position de Bouzonville à
revers, et celle de Valmunster en avant.

La position d'Alzing, que Votre Excellence me recommande de faire occuper par un bataillon et un détachement de cavalerie, est un véritable entonnoir dominé
du côté de la Prusse par deux bois très difficiles à
défendre avec des forces aussi restreintes. Le bataillon
et le détachement de cavalerie se trouveront alors
exposés, étant séparés du 71ᵉ par une distance de 3 kilomètres environ et des mouvements de terrain présentant
des difficultés pour la marche.

Je crois qu'afin d'éviter cette position en flèche et
pour éclairer le terrain en avant à ma gauche, il serait
suffisant de faire faire à la cavalerie des 2ᵉ et 3ᵉ divisions
des reconnaissances très fréquentes de Teterchen à Bouzonville, et réciproquement, par la route de Brettnach
et d'Alzing.

En plaçant mes troupes dans les prairies, sur la rive
gauche de la Nied, depuis les hauteurs en avant de Bouzonville sur la rive droite, jusqu'à Valmunster, par
Freistroff et Anzeling, j'occuperais ainsi une longueur
d'environ 8 kilomètres.

L'effectif de ma division serait partagé de la manière
suivante :

4 bataillons à Bouzonville, dont 1 du 59ᵉ (1) remplaçant
le 7ᵉ bataillon de chasseurs placé en auxiliaire du 33ᵉ ;

De Bouzonville à Anzeling, 5 kilomètres, les 2 derniers bataillons du 59ᵉ : 1032 hommes. A Anzeling,

---

(1) Les 3 autres bataillons sont ceux du 71ᵉ.

centre de la position, le bataillon de chasseurs à pied :
436 hommes, pouvant, à la rigueur, couvrir l'artillerie,
le génie et leurs parcs;

Les 3 kilomètres restant d'Anzeling à Valmunster,
occupés par les 2 régiments de la 1re brigade (7e et 29e),
3,363 hommes.

En raison de cette dissémination de mes troupes, je
crois donc qu'il serait préférable que Valmunster fût
occupé par la 2e division, déjà établie à Teterchen.

Je fais étudier par un officier d'artillerie tout le cours
de la rivière entre Bettange et Bouzonville, pour reconnaître tous les gués qui, avec quelques rampes, pourraient permettre de se rendre rapidement sur la rive
droite.

Je dois faire connaître à Votre Excellence que le 71e
et la compagnie du génie, arrivés hier à Bouzonville,
avaient déjà ce matin presque terminé les tranchées-
abris qui doivent servir à la défense de la route en lacets
qui, de Sarrelouis, descend dans Bouzonville.....

On a prévenu le général Arnaudeau qu'on était en mesure de lui fournir cinq ou six bons espions, qui demandent 25 francs par jour. Je profite de cette occasion pour
faire remarquer à Votre Excellence que je ne possède
aucuns fonds secrets.

*Rapport de la division Metman.*

29 juillet.

Par ordre du commandant en chef, les divisions doivent être exercées aux marches militaires, sac au dos.
En conséquence, aux jours et aux heures qui lui
paraîtront les plus convenables, le général fera prendre
les armes à la division, pour l'exercer à la marche. Dans
ces prises d'armes, les hommes auront le sac chargé ;
on ne laissera absolument en place que les tentes. Les

troupes emporteront de quoi faire un café. Les gardes
de police et les cuisiniers resteront seuls au camp et le
garderont.

*Le général Arnaudeau, commandant la 2e brigade de
la 3e division, au général Metman.*

Pour assurer la garde de Bouzonville et me conformer
en même temps aux prescriptions de M. le Maréchal (1),
relatives à la surveillance à exercer du côté d'Alzing,
j'ai placé 3 compagnies du 7e bataillon de chasseurs sur
le mamelon à droite de Bouzonville, détachant une
grand'garde dans la direction d'Alzing, et des petits
postes en avant de ce village, surveillant en même temps
la route longeant le pied des hauteurs qui vont de Teterchen à Bouzonville. J'ai de plus prescrit aux 3 autres
compagnies du 7e, à la moindre alerte, de quitter leurs
tentes et de se porter sur la gauche du 71e.

Évidemment, dans ces conditions, nous pouvons tenir
contre un ennemi d'une force même supérieure à la
nôtre. Mais il est bon de remarquer que les troupes en
arrière, capables de nous donner aide, sont à plus de
8 kilomètres, et qu'il pourrait peut-être prendre envie à
la garnison, bien renseignée, de Sarrelouis, et aux
troupes de Philisberg (Filsberg) qui, dit-on, se renfor-
cent chaque jour, de venir nous attaquer, avec une
batterie d'artillerie et 2,000 à 3,000 fantassins. Notre
situation ne serait pas brillante.

Il est bien vrai que cette hypothèse est peu probable
,et qu'une pareille opération ne rapporterait certainement
pas à l'ennemi tout ce qu'elle pourrait lui coûter. Nonob-
stant, je crois qu'il sera bon de ne pas faire durer trop

---

(1) Le maréchal Bazaine avait commandé de « faire occuper la position d'Alzing par un bataillon et un détachement de cavalerie ».
(Rapport du général Metman au général Bazaine, en date du 29 juillet.)

longtemps l'isolement des troupes qui défendent Bouzonville. Cela ne peut être que très provisoire.

Demain matin, je sortirai avec un bataillon et j'irai
voir ce qui se passe en avant de Château-Rouge, où l'on
signale sans cesse des vedettes et des patrouilles ennemies, mais rien de considérable.

*P.-S.* — Si votre division occupe la ligne de la Nied,
Bouzonville restera encore une position d'autant plus
importante qu'outre les approvisionnements qu'il renferme, il sera le plus exposé de toute votre ligne.

### d) Situations et emplacements.

*Le maréchal Bazaine au Major général* (D. T.).

Saint-Avold, 29 juillet, 7 h. 55, soir (n° 2427).

3ᵉ corps, à Boulay, 35,807 hommes, 7,312 chevaux.

*La composition de la division Metman est la suivante :*

Général de division Metman, commandant ;
MM. Reiss, capitaine d'état-major, aide de camp ;
> De Canisy, lieutenant au 7ᵉ bataillon de chasseurs à pied,
> officier d'ordonnance ;

> D'Orléans, lieutenant-colonel d'état-major, chef d'état-major ;
> Dumas, capitaine d'état-major, faisant fonctions de chef
> d'escadron.
> Schasseré, capitaine d'état-major, attaché à l'état-major ;
> De Champflour, capitaine d'état-major, attaché à l'état-
> major ;

> Sempé, lieutenant-colonel d'artillerie, commandant l'artil-
> lerie ;
> Masselin, chef de bataillon, commandant le génie ;
> Mazière, capitaine de gendarmerie, prévôt ;
> Lahaussois, sous-intendant militaire de 2ᵉ classe, chef des
> services administratifs.

#### 1ʳᵉ brigade.

Général de brigade de Potier, commandant ;
Tardif, capitaine d'état-major, aide de camp ;

7ᵉ bataillon de chasseurs à pied, commandant Rigaud ;
7ᵉ régiment de ligne, commandant Cottret.
29 régiment de ligne, colonel Lalanne.

### 2ᵉ *brigade.*

Général de brigade Arnaudeau, commandant ;
De Pellieux, capitaine d'état-major, aide de camp ;
59ᵉ de ligne, colonel Duez.
71ᵉ de ligne, colonel de Férussac ;
10ᵉ régiment de chasseurs à cheval, colonel Nérin.

### *Artillerie.*

5ᵉ, 6ᵉ et 7ᵉ batteries du 11ᵉ régiment, commandées respectivement par les capitaines : Mignot (canons à balles), Perruchot
et Bubbe.

### *Génie.*

11ᵉ compagnie du 1ᵉʳ régiment, capitaine Brouillard.

## Emplacements des troupes.

| | | |
|---|---|---|
| Quartier général.................. | à | Boulay. |
| Division Montaudon............... | à | Boucheporn. |
| Division de Castagny.............. | à | Teterchen. Velving. Tromborn. Hargarten. |
| Division Metman ................. | à | Bettange. Bouzonville. |
| Division Decaen.................. | à | Metz. Boulay. |
| Division de cavalerie de Clérembault | à | Boulay. |
| Réserve d'artillerie................ | à | Volmérange. |
| *Parc d'artillerie* (1)............... | à | Metz. |
| *Réserve et parc du génie*........... | à | Boulay. |

---

(1) Les mots en italiques indiquent les additions ou rectifications
faites, d'après d'autres documents, au document officiel donnant l'emplacement des troupes.

# Journée du 29 juillet.

## 4e CORPS.

### a) Journaux de marche.

#### Journal de marche du 4e corps.

1<sup>re</sup> *Division*. — Le général de Golberg (1) visite le 57e de ligne établi à Kirschnaumen et Montenach.

Arrivée à Thionville d'un détachement de 3(0 hommes pour le 6e de ligne (2).

2e *Division*. — La 1<sup>re</sup> brigade (Bellecourt) de la 2e division (*avec l'artillerie et le génie de cette division*) prend la route de Kemplich-Monneren, et s'établit dans les villages autour du hameau de Lacroix, où se place le quartier général de la division. Elle sert de réserve à la 3e division et peut se porter à l'appui de la 1<sup>re</sup> division, vers Sierck (*La 2e brigade est à Thionville, ayant*

----

(1) Commandant la 2e brigade de la 1<sup>re</sup> division (de Cissey). Une lettre du général de Cissey, datée du 29 juillet, lui avait prescrit « de se rendre à Kirschnaumen et Montenach, pour examiner les camps du 57e ». Il lui était recommandé « de se relier avec la division Lorencez, qui occupait Halstroff ». Le général de Cissey « renonce à occuper Waldwisse par trop en l'air ; on y fera une reconnaissance qui restera le jour et rentrera le soir ; s'entendre avec la division voisine pour son service. Le 57e aura un peloton de 30 chevaux de hussards pour la correspondance et les reconnaissances ».

(2) La division de Cissey, à la date du 29 juillet, occupe les emplacements suivants :

| | |
|---|---|
| 20e bataillon de chasseurs....... | |
| 1<sup>er</sup>, 6e et 73e de ligne, moins | |
|     4 compagnies............... | à Sierck. |
| Artillerie................... | |
| Génie....................... | |
| 57e de ligne................. | à Kirschnaumen et Montenach. |
| 73e de ligne (4 compagnies)...... | à Thionville. |

2 *bataillons du* 64<sup>e</sup> *détachés, l'un à Kœnigsmacker, l'autre à Kédange*).

3<sup>e</sup> *Division*. — Un bataillon du 15<sup>e</sup> de ligne relève, à Lacroix, le bataillon du 65<sup>e</sup> qui va s'établir à Bizing.

Arrivée à Thionville d'un détachement du 33<sup>e</sup> de ligne. Les 9<sup>e</sup> et 10<sup>e</sup> batteries du 1<sup>er</sup> régiment rejoignent le quartier général de la division.

Vers 2 heures de l'après-midi, des détachements prussiens (infanterie et cavalerie) se montrent à Waldwisse. Le général Berger (1) se porte sur ce point, avec une partie de sa brigade, suivi par un bataillon du 54<sup>e</sup>, deux escadrons du 7<sup>e</sup> de hussards et une section de la 10<sup>e</sup> batterie du 1<sup>er</sup> régiment.

Un bataillon du 65<sup>e</sup> occupe Waldwisse (2).

*Cavalerie*. — Une partie du 11<sup>e</sup> de dragons rentre à Thionville, ainsi que le 3<sup>e</sup> de dragons (3).

*Artillerie*. — Arrivée à Thionville des caisses de cartouches de réserve d'infanterie.

### DIVISION DE CISSEY.

#### Journal de marche.

Arrivée à Sierck de deux batteries de 4, du 15<sup>e</sup> d'artil-

---

(1) Commandant la 2<sup>e</sup> brigade de la 3<sup>e</sup> division (de Lorencez).

(2) La 3<sup>e</sup> division (de Lorencez) est ainsi répartie à la date du 29 juillet : au lieu d'être à Bizing et Waldwisse, le 65<sup>e</sup> est à Kédange et à Halstroff :

| | |
|---|---|
| Quartier général.............. | |
| 15<sup>e</sup>, 33<sup>e</sup> et 54<sup>e</sup> de ligne......... | à Colmen. |
| 8<sup>e</sup> et 9<sup>e</sup> batteries du 1<sup>er</sup> d'artillerie. | |
| Génie..................... | |
| 2<sup>e</sup> bataillon de chasseurs........ | à Filstroff. |
| 65<sup>e</sup> de ligne................. | à Kédange (1<sup>er</sup> bataillon) et Halstroff (2<sup>e</sup> et 3<sup>e</sup> bataillons). |
| 10<sup>e</sup> batterie du 1<sup>er</sup> d'artillerie.... | à Flastroff. |

(3) Le 11<sup>e</sup> dragons avait été détaché à la division de Cissey et le 3<sup>e</sup> dragons à la division de Lorencez.

lerie, appartenant à la division et commandées par le chef d'escadron Putz (1).

Le général de Cissey fait rectifier les bivouacs et prendre des positions qui permettraient à la division de résister à la plus vigoureuse attaque d'infanterie.

La division est entièrement concentrée (2); le 57ᵉ d'infanterie occupe Montenach et Kirschnaumen et forme sa droite. Le 20ᵉ bataillon de chasseurs établit deux compagnies de grand'garde à Apach et pousse des petits postes très en avant de la ligne des positions.

Le général de Cissey arrête définitivement pour la division, à dater de ce jour, un service régulier de grand'gardes qui, exécuté avec une grande intelligence par les troupes et surveillé avec une sollicitude constante par l'état-major de la division, non seulement préserve la division de toute surprise, mais assure la sécurité des troupes d'autres divisions qui sont en deuxième ligne derrière elle.

### DIVISION BELLECOURT (3).
#### DIVISION DE LORENCEZ.
#### Journal de marche.

Colmen.

Une reconnaissance, forte d'un bataillon et d'un escadron, part de Colmen à 6 heures du matin, et visite Waldwisse sans rencontrer l'ennemi.

Les trois batteries d'artillerie, avec le lieutenant-colonel Legardeur; la compagnie du génie, avec le commandant Hinstin; deux bataillons du 15ᵉ de ligne (le 3ᵉ bataillon est laissé à Lacroix) (4) arrivent vers 10 heures

---

(1) La 3ᵉ batterie y était arrivée l'avant-veille, 27 juillet.

(2) A Sierck et environs.

(3) Le journal de marche de la 2ᵉ division est muet en ce qui concerne la journée du 29 juillet. On verra plus loin quels sont les emplacements occupés à cette date par ses différents corps.

(4) L'historique du corps se borne à dire que le 15ᵉ de ligne est à Colmen.

à Colmen. La ligne des bivouacs s'étend, en faisant face à la frontière, de la hauteur au sud-est de Colmen, par le village de Neunkirchen qui est seulement tenu par les grand'gardes, jusqu'à 1 kilomètre en avant de Flastroff. Les troupes sont ainsi réparties : 7e hussards, 10e batterie et 15e, 33e ; 8e batterie, 54e et 9e batterie. La compagnie du génie est en arrière des bivouacs, près Colmen (1).

Une reconnaissance effectuée par les troupes d'Halstroff et par un détachement composé de deux sections d'artillerie, de deux bataillons du 54e, et de deux escadrons, se porte vers 2 heures sur Waldwisse et n'amène aucun résultat.

### b) Organisation et administration.

*Le Major général au général de Ladmirault* (D. T.).

Metz, 29 juillet, 10 h. 10, matin (n° 826). Expédiée à 2 h. 15, soir.

L'Empereur a reconnu la nécessité impérieuse de mettre à la disposition de l'intendance, à titre très provisoire, quelques boulangers à prendre dans les corps. Concertez-vous à ce sujet avec votre intendant, et faites-lui donner d'urgence, suivant ce qu'il vous demandera, un maximum de 25 soldats boulangers. Ces hommes rentreront prochainement dans leurs régiments.

*Le général de Ladmirault au Ministre de la guerre, à Paris.*

29 juille

Pour confirmation d'une dépêche télégraphique que j'ai adressée hier à M. le Major général de l'armée, j'ai l'honneur de vous faire connaître que les corps d'infanterie du 4e corps ont, en ce moment, à leurs dépôts, de forts contingents qu'il serait urgent de diriger le plus

(1) On a vu que le 2e bataillon de chasseurs à pied était à Filstroff et le 65e de ligne à Kédange et Halstroff.

tôt possible sur les bataillons de guerre. Les commandants des dépôts, invités à faire rejoindre ces hommes de la réserve, répondent qu'ils n'ont pas d'ordres pour les mettre en route.

En conséquence, j'ai l'honneur de vous prier, Monsieur le Ministre, de vouloir bien donner les instructions nécessaires pour hâter le plus possible l'envoi de ces réserves, sans quoi nous pourrions être appelés à franchir la frontière avec des effectifs insuffisants.

En outre, il arrive que, malgré toutes les recommandations faites, des hommes sont envoyés des dépôts sans être pourvus de ce qui est nécessaire pour faire campagne. J'ai l'honneur de vous prier de vouloir bien encore donner des ordres pour que ces contingents de la réserve n'arrivent aux bataillons de guerre que complètement pourvus de cartouches et d'objets de campement.

*Charleville à Thionville. — Principal à gare* (D. T.).
3 h. 40, soir.

Le train 7.31, part à 3 h. 35, soir, composé de 37 wagons : 3 officiers, 600 hommes du 24ᵉ de ligne et non pas d'artillerie, comme je l'avais annoncé. 8 wagons divers pour Metz. Prévenez autorité militaire. (Dépêche arrivée à 5 h. 15, soir.)

*Le Général de division commandant à Lille, au Commandant de place, à Thionville* (D. T.).
Lille, 29 juillet, 3 h. 46, soir.

Un détachement de 163 hommes du 54ᵉ de ligne est parti de Valenciennes pour Thionville, aujourd'hui à 2 h. 15, soir.

*Le Général de division commandant à Lille, au Ministre de la guerre, à Paris* (D. T.).
Lille, 29 juillet, 5 h. 2, soir.

La plupart des détachements qui ont ordre de route

(infanterie), sont dépourvus d'effets et ustensiles de campement. Plusieurs commandants de corps d'armée ont demandé de ne pas les faire partir ainsi. Puis-je surseoir, dans ce cas, aux départs, en rendant compte? Le 65ᵉ de ligne (400 hommes) qui partiront (*sic*) demain pour Thionville, sont dans ce cas.

*Le Général de division commandant à Lille, au général de Ladmirault, à Thionville* (D. T.).

Lille, 29 juillet, 5 h. 20, soir (nᵒ 837). Expédiée à 5 h. 40, soir.

300 hommes du 64ᵉ partiront demain de Calais pour Thionville, à 2 heures du soir, pourvus de tout, excepté shakos.

400 hommes du 65ᵉ partiront demain de Valenciennes pour Thionville, à 7 h. 30, soir (ordre du Ministre); mais ils manquent de tout; les effets sont annoncés; faut-il attendre les effets de campement, ustensiles et pièces de rechange d'armes?

*Inspecteur principal de Charleville, à Chef de gare de Thionville* (D. T. arrivée à 10 h. 15, soir).

Train 63 amène 30 wagons avoine pour Bitche; 2 wagons biscuits et 6 avoine pour Metz, 8 wagons divers pour vous. Train 7.11 a 300 hommes du 6ᵉ de ligne pour Thionville. Prévenez autorité militaire; les 300 hommes arriveront à 10 h. 30 du matin.

*Le Ministre de la guerre au général de Ladmirault, à Thionville.*

Paris, 29 juillet.

J'ai l'honneur de vous informer que je donne des ordres, à la date de ce jour, pour que le matériel de l'équipage de pont du 4ᵉ corps d'armée, actuellement à Douai, rejoigne le parc de ce corps, à Verdun, avec la 8ᵉ compagnie de pontonniers qui y est attachée.

*Le colonel Luxer, commandant le parc d'artillerie du 4ᵉ corps, au commandant Voisin, sous-directeur du parc, à Verdun* (D. T.).

Douai, 29 juillet, 12 heures, soir

Le restant du parc, 40 voitures, officiers et employés, partiront demain à 8 h. 15 minutes du soir pour Verdun.

*Le général de Cissey au général de Ladmirault.*

Sierck, 29 juillet (nᵒ 49).

M. le Colonel commandant l'artillerie de la 1ʳᵉ division, vient de me rendre compte qu'il n'avait ni médecin militaire, ni vétérinaire, pour assurer le service médical des batteries d'artillerie de la division.

J'ai immédiatement pris les mesures nécessaires pour assurer provisoirement ce service, en ayant recours à un des médecins de l'ambulance et au vétérinaire du 2ᵉ régiment de hussards.

Cette disposition provisoire ne saurait toutefois être maintenue sans de graves inconvénients pour le service ; je vous prie donc, mon Général, de vouloir bien ordonner les mesures convenables pour que l'artillerie de la 1ʳᵉ division ait son médecin et son vétérinaire spécialement affectés à ses batteries.

### c) Opérations et mouvements.

INSTRUCTIONS GÉNÉRALES POUR LE 4ᵉ CORPS D'ARMÉE.

Thionville, 28 juillet.

Au moment où vont s'ouvrir les opérations de guerre, il importe de donner aux différents corps une instruction générale sur les dispositions à prendre pendant la marche, sur l'installation des bivouacs et les reconnaissances militaires.

*Marche des colonnes.* — Les colonnes doivent toujours se faire précéder d'une avant-garde chargée, si elles sont isolées, de les éclairer à une grande distance. Cette avant-garde sera généralement composée de cavalerie et d'infanterie, l'infanterie devant soutenir la cavalerie. Un officier d'état-major marchera avec cette avant-garde, ayant avec lui des guides; il indiquera la direction à suivre. Si l'ennemi est aperçu, le commandant de l'avant-garde cherchera à le reconnaître de son mieux et, s'il est suffisamment en force, il prendra position avec son infanterie et fera renseigner le chef de la colonne. Si l'avant-garde n'est pas suffisamment en force, elle devra se replier sur la tête de colonne. Les commandants des avant-gardes devront se méfier des pièges que pourrait leur tendre l'ennemi, en ne leur montrant qu'une faible partie de ses forces, pour les attirer dans une embuscade. Les colonnes devront non seulement se faire éclairer en avant, mais encore jeter des éclaireurs très au loin sur les flancs, selon la forme du terrain et les dispositions des populations parmi lesquelles on se trouvera.

*Installation des bivouacs.* — L'installation générale des bivouacs est toujours faite par l'état-major des colonnes, qui a préalablement reconnu les positions dans leur ensemble. Mais, dès qu'un emplacement a été désigné à un corps, celui-ci doit reconnaître en détail la position qui lui fait face, pour choisir la place de ses grand'gardes et postes avancés. Dans chaque division ou dans chaque brigade, selon les circonstances, un officier supérieur de jour, soit de l'état-major, soit des corps de troupe, devra parcourir tous les avant-postes de la division ou de la brigade, pour faire connaître aux généraux et chefs de corps l'ensemble des dispositions prises pour que tous les postes se trouvent reliés dans leur action de surveillance. Si l'officier supérieur de jour remarque un manque de liaison dans la chaîne des postes, il le fera connaître au chef de corps intéressé, pour que la correction soit faite par ce dernier.

On recommandera la plus grande vigilance aux postes avancés. Les positions de nuit ne devront pas être les mêmes que celles de jour, mais ces dernières ne seront abandonnées qu'à la nuit close. En les quittant, on laissera les feux allumés, pour faire croire qu'elles sont encore occupées. Pendant le jour, le chef des grand'gardes reconnaîtra bien les emplacements où il devra s'installer la nuit. On donnera pour consigne générale aux factionnaires des postes avancés, de ne point répondre aux coups de fusil qui pourraient être tirés sur eux, mais de se replier sur les postes de soutien. Ceux-là ne devront pas tirer non plus; ils devront prévenir le commandant de la grand'garde, et le premier mot de ce chef devra être la défense absolue de faire feu. Que les hommes des gardes et des bivouacs soient bien prévenus qu'ils n'aient point à s'inquiéter des coups de fusil tirés à distance, [ni des cris poussés par l'ennemi. Celui qui attaque la nuit veut avant tout produire le désordre, pour en tirer parti, et si on lui répond par le silence, ses projets sont infailliblement déjoués.

La nuit, dans une alerte, le premier soin des cavaliers doit être de prendre le bridon et de se porter à la tête des chevaux, pour les maintenir et les empêcher de s'échapper; ils attendront ainsi des ordres.

*Reconnaissances militaires.* — Les reconnaissances militaires jouent dans les opérations le rôle principal, car elles ont pour but de renseigner sur les positions occupées par l'ennemi. Il serait difficile de régler, d'une manière fixe, leur composition. Elles peuvent se faire avec la cavalerie seule et l'infanterie seule, mais plus généralement avec le concours de ces deux armes.

Quelquefois, mais dans des cas exceptionnels, elles peuvent être accompagnées d'artillerie.

Ces reconnaissances doivent toujours être conduites avec audace, mais avec une vigilance extrême.

Avec elles, doivent marcher des officiers parlant la langue du pays, ou des interprètes. On doit questionner, avec le plus grand soin, les habitants, et en des lieux différents, pour pouvoir contrôler les renseignements recueillis.

Quelquefois la reconnaissance, après avoir reconnu l'ennemi, prendra position, en se reliant à la colonne qu'elle s'empressera de renseigner ; le plus souvent, elle rejoindra le gros de la troupe, son opération terminée.

*Le général de Ladmirault au Major général, à Metz.*

Thionville, 28 juillet.

Le maréchal Bazaine ayant fait occuper Bouzonville par une division du 3ᵉ corps, j'ai dû ordonner quelques mouvements qui modifient les emplacements occupés par les troupes du 4ᵉ corps.

A la date du 29 juillet au matin, les emplacements seront les suivants :

La 1ʳᵉ division, avec ses 3 batteries d'artillerie, son génie et le 2ᵉ hussards, sera réunie entre Sierk et Kirschnaumen, envoyant des postes en avant de ces deux localités ;

La 3ᵉ division, avec ses 3 batteries, son génie et le 7ᵉ hussards, a sa droite à Filstroff et sa gauche vers Halstroff, son quartier général à Colmen ;

La 1ʳᵉ brigade de la 2ᵉ division, avec toute l'artillerie et le génie de cette division, part ce soir de Thionville et occupera Laumesfeld et Lacroix, en arrière du centre de la 3ᵉ division ;

Un bataillon du 64ᵉ de ligne (2ᵉ brigade de la 2ᵉ division) occupera Kœnigsmacker, un autre occupera Kédange ;

Il restera à Thionville : un bataillon du 64ᵉ de ligne ; le 98ᵉ ; les 3ᵉ et 11ᵉ dragons, les batteries de la réserve et une compagnie du génie.

*Le général de Cissey au général de Ladmirault, à Thionville.*

S'erck, 29 juillet.

En réponse à votre lettre du 29 juillet courant, n° 69, j'ai l'honneur de vous faire connaître que rien n'est changé et ne sera changé à la disposition des troupes de ma division, dont il vous a été rendu compte précédemment.

Je viens de parcourir tous les avant-postes, et ils sont parfaitement placés pour nous éclairer très au loin, tout en offrant pour eux toutes les garanties désirables.

Le général de Golberg est allé visiter le 57ᵉ établi à Kirschnaumen, avec un bataillon en réserve à Montenach. Ces troupes sont bien établies et toutes les dispositions ont été prises pour rester en communication avec la division Lorencez, établie à ma droite.

La position générale de nos troupes n'a pas changé depuis hier.

*L'Empereur au général de Ladmirault, à Thionville (D. T.).*

Metz, 29 juillet, 10 h. 25, matin (n° 815). Expédiée à 10 h. 35

Les Prussiens prétendent que, le 26, 100 soldats français ont violé le territoire de Luxembourg, en entrant dans le territoire de Schengen. Est-ce vrai ?

*Le général de Cissey au général de Ladmirault.*

Sierck, 29 juillet.

J'ai l'honneur de vous adresser confirmation de ma dépêche télégraphique de ce jour, ainsi conçue : Il est vrai que, le 26, 100 ou 200 soldats français ont été sur le territoire de Schengen. Ils y ont été sans armes, isolément, sans ordres, pour acheter tabac et vin pour eux. Pour prévenir cet abus et réclamations prussiennes, j'ai déjà fait établir, ce matin, un fort poste de chasseurs sur la Moselle, à la frontière, avec défense de franchir le territoire de Luxembourg.

La dépêche qui précède a été faite sur des renseignements qui m'ont été fournis par le maire ; je n'étais pas ici à cette date, et M. le général de Golberg venait de partir pour Kirschnaumen, quand votre télégramme m'est parvenu. Cet officier général, qui rentre à l'instant (5 h. du soir), me confirme en partie les renseignements fournis par le maire. Il dit que le chiffre de 100 hommes lui paraît exagéré ; que la plupart étaient des pêcheurs à la ligne et des hommes en manches de chemise ; qu'il y a des maisons luxembourgeoises et françaises se touchant et se communiquant, à l'extrême frontière ; qu'on est entré, les uns dans les maisons françaises, les autres dans des maisons luxembourgeoises, pour acheter du vin et du tabac ; que toutes les mesures ont été prises immédiatement pour empêcher le renouvellement de ce fait.....

Les dispositions militaires dont j'ai l'honneur de vous rendre compte, achèveront de rendre le retour de ce fait absolument impossible.

*Le général de Ladmirault au Major général, à Metz.*

Thionville, 29 juillet (n° 23).

Je m'empresse de vous adresser les renseignements suivants, pour compléter ma dépêche de ce jour relative à l'entrée de soldats français à Schengen (territoire de Luxembourg).

Le 26, une centaine de soldats de la 1re division du 4e corps ont bien dépassé la frontière, dans les environs de Schengen, mais ils l'ont fait les uns après les autres, sans ordre, sans armes et dans le seul but d'acheter pour eux du vin, du tabac et autres provisions ; ils ne croyaient nullement être hors de nos limites qui, de ce côté, sont assez indécises.

2e fascicule. 7

Averti, M. le général de Cissey a fait immédiatement établir un fort poste sur la Moselle, de ce côté, pour empêcher le renouvellement de pareil fait.

Ce n'est donc pas, à proprement parler, une violation réelle, puisque les hommes étaient sans armes, isolés et croyaient se trouver sur notre propre territoire.

*Le Général commandant la 2ᵉ division* (1) *du 4ᵉ corps au général de Ladmirault, à Thionville.*

Kédange, 29 juillet.

J'ai reçu à 10 h. 1/2 votre dépêche télégraphique : je fais partir à midi toutes les voitures achetées (2), sous la conduite des capitaines-majors et d'un officier supérieur, qui conduiront ce convoi et ramèneront les voitures de l'administration.

Le bataillon du 64ᵉ (2ᵉ brigade), arrivé ce matin, renvoie ses voitures par le même convoi.

J'envoie un cavalier à Kœnigsmacker, pour prescrire à l'autre bataillon du 64ᵉ d'exécuter le même mouvement de voitures.

Les voitures arrivant, même dans la nuit, nous serons prêts demain à prendre la position que vous avez désignée.

D'après les renseignements que j'ai pris, je compte, sauf meilleures informations, placer ainsi ma troupe :

---

(1) Le commandement de la 2ᵉ division du 4ᵉ corps était exercé provisoirement par le général Bellecourt, commandant de la 1ʳᵉ brigade, en attendant la nomination d'un titulaire en remplacement du général Rose, qui avait dû résigner son commandement pour raison de santé.

(2) Ces voitures avaient été achetées dans le commerce par les corps, pour remplacer les voitures d'équipages qui manquaient. En vertu de prescriptions données par le général de Ladmirault, à la date du 29 juillet, ces marchés durent être résiliés et les voitures rendues à leurs propriétaires moyennant une indemnité à régler de gré à gré. Les voitures pour lesquelles le marché ne pourrait être résilié devaient être conduites à Thionville et versées à l'administration.

État-Major général, artillerie (*et génie*), ambulance, 13° de ligne, sur le plateau de Lacroix ; 5° bataillon de chasseurs à Waldweistroff, me reliant avec Colmen ; deux bataillons du 43° à Laumesfeld et le 3° bataillon à Monneren, assurant ma communication avec Kédange ; ce corps pouvant également servir d'appui à la 1re division, à Sierck (1).

L'état sanitaire est bon.

Ci-joint la situation de ma brigade et celle du 15° de ligne, qui a quitté Kédange ce matin.

*Le général de Lorencez au générai de Ladmirault, à Thionville.*

Colmen, 29 juillet (n° 14).

Par mon rapport d'hier, n° 13, j'ai eu l'honneur de rendre compte des circonstances qui ont accompagné mon arrivée à Colmen.

La reconnaissance dirigée ce matin sur Waldwisse est rentrée sans avoir vu l'ennemi. Mais vers 2 heures, le général Berger, à Halstroff, était prévenu que des troupes prussiennes (infanterie et cavalerie) y arrivaient.

Un peloton de hussards, envoyé en reconnaissance, fit savoir que le village était occupé, qu'il avait sur sa droite une douzaine de uhlans, et qu'il apercevait des cavaliers sur les hauteurs, en avant de Waldwisse. En même temps, les habitants alarmés envoyaient des avis qui déterminèrent le général Berger à se porter sur Waldwisse, en me priant de l'appuyer.

Je dirigeai immédiatement de Colmen sur Waldwisse, par la route de Zeurange, un bataillon du 54°, deux escadrons du 7° hussards et une section de la 10° batterie du 1er régiment. Mais ce mouvement n'eut pas plus de résultat que celui d'hier, et, à l'arrivée des premières

---

(1) Comme il a été dit plus haut, le 64° est partagé entre Thionville, Kœnigsmacker et Kédange ; le 98° est à Thionville.

troupes, le village était évacué. Il y a tout lieu de croire,
d'ailleurs, que les Prussiens n'ont pas eu l'intention de
l'occuper, et qu'ils ne se sont pas présentés en nombre
pour le faire (1).

Toutefois, comme il importe d'éviter autant que possible des alertes qui fatiguent inutilement les troupes,
j'ai prescrit à M. le général Berger de placer un bataillon
du 65e à Waldwisse, que je sais ne pas devoir être occupé
par M. le général de Cissey.

J'ai l'honneur de vous adresser ci-joint deux rapports
relatifs à la prise de fourrages verts appartenant aux
Prussiens. Ce qui n'avait pu être emporté ce matin de
Grindorff, l'a été depuis. En outre, on a fait faucher les
fourrages sur pied et l'on a également ramené au camp
ce qu'il y avait à Bizing. La première opération a été
très bien conduite par M. Larbaletier, sous-lieutenant
au 7e hussards.

Demain, 30 juillet, les troupes de la 3e division seront
réparties de la manière suivante :

| | | |
|---|---|---|
| 2e bataillon de chasseurs.............. | | à Filstroff. |
| 15e de ligne.. | 1 bataillon............ | à Lacroix. |
| | 2 bataillons........... | à Colmen. |
| | formant échelon en ar-<br>rière des positions oc-<br>cupées. | |
| 33e de ligne.. | sur les positions en avant de Colmen. | |
| 54e de ligne.. | | |
| 65e de ligne.. | 1 bataillon ............ | à Waldwisse |
| | 1 bataillon ............ | à Halstroff. |
| | 1 bataillon ............ | à Flastroff. |
| 9e batterie à droite des positions. | | |

---

(1) Le 29 juillet...., la patrouille d'officier de Guerlfangen se porta
sur Waldwisse pour châtier les habitants; elle rencontra, dans la grande
rue du village, un peloton de dragons qui se replia vers le ruisseau du
Remel; un combat de mousqueterie s'engagea dans la vallée étroite et
escarpée de ce cours d'eau; les Français eurent 2 blessés. (Le général
J. de Verdy du Vernois, *Études de guerre*, 1re partie, page 86.)

10° batterie à gauche des positions.

8e batterie (canons à balles) au centre des positions, entre les 2 brigades.

7° hussards, à l'abri, au pied des hauteurs qu'occupent les troupes.

Compagnie du génie, à côté du 7e hussards, sous ma main.

## ARTILLERIE.

### Ordre de mouvement.

Thionville, 29 juillet.

Demain, 30 juillet, les réserves divisionnaires d'artillerie, arrivées aujourd'hui à Thionville, partiront de cette place pour rejoindre leurs divisions respectives, savoir :

1° La réserve de la 1re division, à 5 h. 1/4 de l'après-midi, pour se rendre à Kœnigsmacker, où elle sera à la disposition de M. le général commandant la 1re division.

2° La réserve de la 2e division partira à 5 heures, pour se rendre à Kédange, d'où elle sera dirigée le lendemain sur le quartier général de cette division, et y être à la disposition de M. le général commandant la 2e division.

MM. les généraux commandant les 1re et 2e divisions enverront à Kœnigsmacker et à Kédange les escortes qui devront accompagner les réserves jusqu'à destination.

Les troupes emporteront, conformément aux prescriptions de l'ordre n° 9, six jours de vivres (sel, riz, sucre et café), deux jours de pain et quatre de biscuit.

Cet approvisionnement formera une réserve à laquelle les hommes ne devront avoir le droit de consommation que le jour où ces troupes recevront la solde de guerre.

#### d) Situations et emplacements.

*Le général de Ladmirault au Major général à Metz*
(D. T.).

Thionville, 29 juillet, 2 h. 25, soir (n° 2389).

Depuis hier, l'effectif du 4ᵉ corps s'est accru de 13 officiers, 632 hommes (1) et 644 chevaux, savoir :

*Pour l'infanterie :* 1 officier, 300 hommes du 6ᵉ, venant du dépôt; 10 officiers, 240 hommes du 73ᵉ, venant de Longwy;

*Pour l'artillerie :* les réserves divisionnaires de 2 divisions; 2 officiers, 92 hommes, 144 chevaux.

#### Emplacement des troupes (2).

Quartier général.................. à Thionville.

Division de Cissey................ à ⎰ Sierck.
⎱ Kirschnaumen.
Montenach.

---

(1) Dans le tableau des emplacements de corps d'armée au 28 juillet, jour de l'arrivée de l'Empereur (voir page 4), document officiel où les effectifs ne sont donnés qu'approximativement et en nombres ronds, c'est 26,000 hommes qu'il faut lire et non 23,000, en ce qui concerne le 4ᵉ corps. Celui-ci comptait, en effet, exactement ce jour-là, 26,080 hommes, chiffre qui a été reproduit pour la journée suivante (voir page 24), aucune situation d'effectif des troupes du 4ᵉ corps n'existant aux archives à la date du 29 juillet. Or, si l'on ajoute à ce dernier nombre les 645 unités dont il est question ici, on arrive à 26,725 hommes, chiffre qui concorde parfaitement avec celui que donne le compte rendu officiel du *Procès Bazaine*, pièce annexe n° 1.

(2) A propos des données fournies aux Prussiens par leur service de renseignements, touchant le 4ᵉ corps, à la date du 29 juillet, on lit dans les *Études de guerre* du général de Verdy du Vernois (1ʳᵉ partie, page 103) :

« La composition du 4ᵉ corps était précisément fort peu connue de notre état-major au mois de juillet. La réunion des renseignements reçus du 27 au 29 avait donné notamment les indications suivantes :

« Chef d'état-major du 4ᵉ corps (Ladmirault) : général de Marthille; le corps doit être actuellement rassemblé à Thionville. L'avant-garde, à Sierck, semble comprendre le 20ᵉ bataillon de chasseurs; les 13ᵉ, 32ᵉ

|  |  |
|---|---|
| Division Rose (Bellecourt)........... à | Laumesfeld.<br>Lacroix.<br>*Thionville* (1).<br>Kédange.<br>Kœnigsmacker. |
| Division de Lorencez.............. à | Colmen.<br>*Filstroff.*<br>*Kédange.*<br>*Halstroff.*<br>*Flastroff.* |
| Division de cavalerie (Legrand)...... à | *Colmen.*<br>Sierck.<br>Kirschnaumen.<br>Thionville. |
| Réserve d'artillerie................ à | Thionville. |
| *Parc d'artillerie*.................. *à* | *Verdun.* |
| *Réserve du génie*. ................ à | *Thionville.* |

# Journée du 29 juillet.

## 5e CORPS.
### a) Journaux de marche.

#### HISTORIQUE DU 5e CORPS.
#### Journal de marche.

Arrivée à Sarreguemines d'un escadron du 12e chasseurs venu du dépôt. Le général en chef garde cet escadron près de lui pour son escorte. Il est campé le long

régiments d'infanterie et le 11e chasseurs à cheval. Deux des divisions de ce corps doivent être commandées par les généraux de Cissey et Pajol. »

(1) La 1re brigade de la 2e division part le soir de Thionville, avec l'artillerie et le génie de la division, pour aller s'établir à Lacroix et Laumesfeld. Les noms en italiques sont des additions ou rectifications apportées au document original lorsque celui-ci présente soit des lacunes, soit des erreurs révélées par la comparaison d'autres documents.

du chemin de fer, à l'est de Sarreguemines, en face du campement du train auxiliaire.

Arrivée à Sarreguemines de 100 mulets de cacolets, venus d'Afrique.

Arrivée. à Bitche du général de Bernis, avec le 12ᵉ chasseurs à cheval (1).

Par ordre supérieur, 25 boulangers, pris dans les corps, sont mis provisoirement à la disposition de l'intendance, pour être employés aux quatre fours de campagne construits dans la cour du quartier de cavalerie.

Arrivée à Bitche du payeur de la 3ᵉ division et de ses fonds.

Envoi au Ministre de l'état des effets de toute nature manquant dans les corps (2).

Aucun des petits dépôts n'a encore rejoint. Le général en chef demande à armer les populations frontières qui désirent être armées, et à faire écouler les eaux de la Sarre, retenues par des écluses et des digues à tous les moulins, afin de diminuer la profondeur des gués.

Le service de renseignements, dirigé par le commandant Perrotin, de l'État-Major général du 5ᵉ corps, commence à fonctionner avec plus d'efficacité, par suite de la réunion d'un certain nombre d'individus connaissant bien le pays et ayant des relations qui peuvent leur fournir des indications plus étendues et plus sûres.

Le général en chef réclame, pour le bureau politique, quelques cartes photographiques au 1/15,000 de la Bavière et de la Prusse rhénane.

### DIVISION DE L'ABADIE D'AYDREIN.

#### Journal de marche.

L'Empereur prend le commandement de l'armée. —

---

(1) Venant de Niederbronn.
(2) Voir, pour le détail de ces effets, la *Revue militaire*, août 1899, page 291.

Les travaux d'organisation se poursuivent, ils vont plus lentement qu'on ne pensait. Sarreguemines n'offre que des ressources ordinaires, se trouve loin des places d'approvisionnement et le chemin de fer qui y arrive n'a qu'une voie.

La réserve divisionnaire d'artillerie de la division de L'Abadie arrive à Sarreguemines. Elle est envoyée à Welferding rejoindre les batteries divisionnaires, dont le matériel et le personnel sont dès lors au complet. Le lieutenant-colonel commandant l'artillerie rend compte au général de L'Abadie que les chevaux revenus de chez les agriculteurs sont, en général, mauvais, et qu'il manque huit chevaux à la compagnie du train qui conduit les caissons à deux roues portant les munitions de l'infanterie. On les demande à la remonte, que l'on a dû instituer à Sarreguemines afin de pourvoir aux besoins assez nombreux du corps d'armée.

Le 29 juillet, le personnel médical et d'administration de la division de L'Abadie était au complet, les infirmiers n'étaient pas encore arrivés ; il n'y avait comme matériel que deux caissons d'ambulance au lieu de cinq, douze tentes pour les malades et blessés. Le sous-intendant militaire n'avait pas reçu d'avis lui permettant de croire qu'il arriverait d'autres caissons ou d'autres tentes.

Le matériel de l'ambulance était chargé sur des voitures de réquisition. Le sous-intendant avait fait charger également sur des voitures requises, 32,000 rations de biscuit et de l'avoine pour quatre jours.

Avis arrive qu'il n'est point accordé d'officier d'ordonnance à MM. les généraux de brigade.

On est informé que les régiments d'infanterie et de cavalerie ne seront pourvus que d'une paire de cantines médicales par médecin.

Des voitures de réquisition sont mises à la disposition des ayants droit désignés par la circulaire ministérielle pour compléter les transports réglementaires, à défaut

de voitures du modèle adopté par l'administration et qui
ne peuvent être, ni délivrées à Sarreguemines, ni envoyées
à Vernon.

Les gendarmes de la Prévôté attachés à la division de
L'Abadie sont arrivés à Sarreguemines ; le général les
autorise à rester en ville au lieu d'aller à Welferding
avec le reste de la division.

Le général en chef fait connaître que, lorsque les
hommes venus de la réserve seront prêts à tirer à la
cible, il en donnera l'autorisation, mais qu'il faudra
s'abstenir de procéder à cet exercice avant d'avoir
demandé ses ordres.

Deux compagnies de la 2ᵉ brigade (de Maussion)
s'établissent près du village de Welferding, de manière
à surveiller le gué de la Sarre et la route de Sarrebrück.
On modifie également un peu l'emplacement de la
grand'garde du 49ᵉ, en la portant plus en avant, afin
qu'elle puisse mieux découvrir la vallée de la Sarre
et le terrain sur la rive droite.

Un escadron du 12ᵉ chasseurs, venant de Joigny, rejoint
la division de cavalerie à Sarreguemines. Le 5ᵉ hussards
devait aussi recevoir un cinquième escadron, mais celui-
ci, retenu à Metz pour le service du grand quartier général, n'a jamais rallié le 5ᵉ corps.

En cas de marche, on donnera aux hussards qui doivent
éclairer, des moyens de transport pour un jour d'avoine.

26,000 cartouches sont mises à la disposition de la
division de L'Abadie par la réserve d'artillerie du corps
d'armée.

Ordre est donné de comprendre sur la situation de la
division de L'Abadie le 84ᵉ, qui a son état-major avec
deux bataillons à Phalsbourg et un bataillon à Bitche,
et de se mettre en relation avec ce corps.

La réserve d'artillerie du corps d'armée se complète
(personnel et matériel). La réunion de tous les éléments
qui devaient la composer s'achève pendant le séjour à

Sarreguemines. Cette réserve ne reste pas logée au quartier de cavalerie, de crainte des accidents qui pourraient survenir et avoir pour la ville des conséquences désastreuses. On la fait bivouaquer en amont de Sarreguemines, sur la rive droite de la Sarre, auprès du débouché d'un pont construit avec des bateaux prussiens, sous la direction du commandant Boudot, chef d'escadron d'artillerie.

Les quartiers généraux, les corps de cavalerie et ceux des divisions Goze et Guyot de Lespart, gardent les mêmes emplacements (1) et reçoivent aussi leur réserve divisionnaire d'artillerie.

### b) Organisation et administration.

*Le Général commandant la 18ᵉ division militaire à Tours, au Ministre de la guerre, à Paris.*

Tours, 29 juillet.

J'ai l'honneur de rendre compte à Votre Excellence, que le départ du détachement de 300 hommes du 11ᵉ de ligne, prescrit par la dépêche télégraphique du 28 de ce mois, a eu lieu aujourd'hui 29 juillet, à 4 heures du matin, pour Sarreguemines.

Il manquait à ce détachement 20 petits bidons et les tentes-abris.

*Le maréchal Bazaine au général de Failly* (D T.).

Saint-Avold, 29 juillet, 11 heures, matin.

Envoyez-moi toutes vos dépêches, écrites ou télégraphiques, à Boulay, par Saint-Avold ; le général Frossard me les fera parvenir.

*Le Major général au Ministre de la guerre, à Paris* (D. T.).

Metz, 29 juillet, 8 h 50.

Le général de Failly réclame avec instance du cam-

---

(1) Voir : *Emplacement des troupes au 29 juillet*, page 114.

pement ; les tentes-abris, couvertures, bidons, gamelles sont en nombre insuffisant.

Les hommes qui rejoignent le 5ᵉ corps arrivent presque tous sans campement, sans marmites... Il estime qu'il lui faudrait du campement pour 5,000 hommes.

*Le général de Failly au Major général* (**D. T.**).

Sarreguemines, 29 juillet, 5 h. 40, soir (nº 2413). Expédiée à 6 h. 50, soir.

J'ai 13 voitures d'ambulance, à quatre chevaux, dépourvues d'attelages et de harnais. Il me manque aussi 16 bâts de cantines régimentaires.

### c) Opérations et mouvements.

*Le général Crespin, commandant la 5ᵉ division militaire, au Major général.*

Metz, 29 juillet (nº 2620).

Je reçois du Ministre de la guerre, une dépêche datée du 26 juillet, ainsi conçue :

« Je vous prie de mettre immédiatement le 84ᵉ de ligne à la disposition de M. le général commandant le 5ᵉ corps de l'armée du Rhin. »

Si j'obtempère à cet ordre, Phalsbourg et Bitche vont se trouver complètement dégarnis ; je n'ai pas un seul homme à y envoyer.

J'ai l'honneur de prier Votre Excellence, de vouloir bien prescrire à M. le général commandant le 5ᵉ corps d'armée, de prendre les mesures nécessaires pour garder ces deux places, qui sont dans son rayon d'opération, jusqu'à ce que je sois dans la position d'y pourvoir avec mes ressources.

Si Votre Excellence ne se rangeait pas à cet avis, je la prierais de vouloir bien me donner des ordres à cet égard.

*Le général de Failly au Major général* (**D. T.**).

Sarreguemines, 29 juillet, 11 h. 35, matin (n° 2373). Expédiée à 12 h. 50.

Faut-il armer celles des populations qui sont en avant de nous, et qui le demandent?

Y a-t-il lieu de faire écouler les eaux de la Sarre retenues par des écluses ou des digues, afin de diminuer la profondeur des gués? Je demande que l'ingénieur de la Sarre soit à Sarreguemines.

*Le général de Lespart au maréchal de Mac-Mahon, à Strasbourg et au général Ducrot, à Niederbronn ou Reichshoffen* (**D. T.**).

Station de Reichshoffen, 29 juillet, 12 h. 20, soir

Deux détachements, de trois compagnies chacun, occupent l'un, dès ce soir le poste de Stürzelbronn, l'autre dans le courant de la nuit celui de Neunhoffen. A ce dernier poste sera le chef de bataillon (1).

*Le général de Failly au Major général* (**D. T. Ch.**).

Sarreguemines. 29 juillet, 3 h. 5, soir.

Les troupes occupent le même emplacement qu'hier.

J'ai trois compagnies à Stürzelbronn et trois compagnies à Neunhoffen.

---

(1) Le 1ᵉʳ bataillon du 27ᵉ de ligne (colonel de Barolet) fournissait ces deux détachements. Le demi-bataillon de droite occupait Neunhoffen, et le demi-bataillon de gauche Stürzelbronn.

## d) Situations et emplacements.

*Situation sommaire d'effectif du 5e corps à la date du 29 juillet.*

| DÉSIGNATION DES CORPS. | PRÉSENTS. | | CHE-VAUX. | VOI-TURES. | OBSERVA-TIONS. |
|---|---|---|---|---|---|
| | OFFI-CIERS. | TROUPE. | | | |
| État-major général...................... | 16 | 32 | 48 | » | |
| **1re division d'infanterie.** — 1re bri-gade. 4e bataillon de chassrs à pied. | 9 | » | 31 | » | |
| 11e régiment de ligne......... | 21 | 465 | 9 | » | |
| 46e id. | 61 | 1,276 | 26 | » | |
| 2e bri-gade. 61e id. | 61 | 1,448 | 27 | » | |
| 86e id. | 57 | 1,389 | 26 | » | |
| | 55 | 1,392 | 25 | » | |
| Artillerie : 5e et 6e batt. du 6e d'artill. (1). | 12 | 335 | 306 | » | |
| Génie : 2e régiment, 6e compagnie..... | 4 | 96 | 16 | 2 | |
| Train des équipages (auxiliaire)........ | » | » | 189 | 100 | |
| Services administratifs........ | 7 | 49 | 58 | 12 | |
| TOTAUX pour la 1re division..... | 287 | 6,450 | 713 | 114 | |
| **2e division d'infanterie.** — 1re bri-gade. 14e bataillon de chasseurs..... | 19 | 583 | 8 | » | |
| 97e régiment de ligne......... | 60 | 1,630 | 26 | » | |
| 84e id. | » | » | » | » | à Phalsbourg. |
| 2e bri-gade. 49e id. | 55 | 1,320 | 22 | » | |
| 88e id. | 58 | 1,528 | 27 | » | |
| Artillerie : 5e, 7e et 8e batt. du 2e d'artill.. | 9 | 316 | 276 | » | |
| Génie : 2e régiment, 8e compagnie...... | 5 | 76 | 19 | » | |
| Train des équipages......... | » | » | » | » | |
| Services administratifs............. | » | » | » | » | |
| État-major........ | 12 | 16 | 38 | » | |
| TOTAUX pour la 2e division..... | 218 | 5,469 | 416 | » | |
| **3e division d'infanterie.** — État-major........ | » | » | » | » | à Bitche. |
| 1re bri-gade. Bataillon de chasseurs....... | » | » | » | » | |
| Régiment............ | » | » | » | » | |
| id. | » | » | » | » | |
| 2e bri-gade. Régiment............ | » | » | » | » | |
| id. | » | » | » | » | |
| Artillerie..... | » | » | » | » | |
| Génie........ | » | » | » | » | |
| Train des équipages....... | » | » | » | » | |
| Services administratifs............. | » | » | » | » | |
| TOTAUX pour la 3e division..... | » | » | » | » | |
| **Division de cavalerie.** — État-major............ | 10 | » | 29 | » | |
| 1re bri-gade. 5e rég. de hussards, 3 esc. (2). | 23 | 329 | 329 | » | |
| 12e id. 5 | 45 | 676 | 634 | » | |
| 2e bri-gade. 3e régiment de lanciers..... | 35 | 475 | 462 | » | |
| 5e id. | 35 | 504 | 468 | » | |
| TOTAUX pour la cavalerie..... | 148 | 1,984 | 1,922 | » | |
| **Réserve d'artillerie.** — État-major............ | 6 | » | 11 | » | |
| 6e et 10e batteries du 2e régiment....... | 5 | 98 | 101 | » | |
| 11e batt. du 10e d'artill. et 11e batt. du 14e. | 8 | 312 | 281 | » | |
| 5e et 6e batt. du 20e régiment......... | 6 | 144 | 179 | » | |
| TOTAUX pour l'artillerie..... | 25 | 554 | 572 | » | |
| Réserve du génie........................ | 9 | 82 | 27 | » | |
| TOTAUX pour le génie..... | 9 | 82 | 27 | » | |
| TOTAUX GÉNÉRAUX..... | 703 | 14,571 | 3,698 | 114 | |

(1) La 7e batterie n'arrive que dans la soirée du 29 juillet, venant de Strasbourg.
(2) L'escadron du 5e hussards, qui manque ici, était à Bitche, détaché à la division Guyot de Lespart.

**Journal de marche de l'artillerie de la division de L'Abadie d'Aydrein** (signé du colonel de Salignac-Fénelon).

Chacune des 3 divisions d'infanterie avait 3 batteries montées, dont une à balles ; la réserve d'artillerie se composait de 2 batteries montées de 4, de 2 batteries de 12 et de 2 batteries à cheval de 4.

Le parc d'artillerie ne rejoindra que plus tard.

Le tableau suivant donne le détail de cette composition :

Général Liédot, commandant l'artillerie du corps.
Capitaine Gibouin, aide de camp.

*État-major de l'artillerie.*

Lieutenant-colonel Fiaux, chef d'état-major.
Capitaine en 1er Condren, adjoint.
Capitaine en 2e Jouart,　　—
Wagner, garde d'artillerie de 2e classe.

1re *division* (Goze).

Artillerie.

Lieutenant-colonel Rolland, commandant.
- Lanaud, capitaine en 1er, commandant.......
- De la Foye, capit. en 2e.
- Deit, lieutenant en 1er..
- Karlskind, lieut. en 2e.
} 5e batterie du 6e régiment.

- Desmazières, capitaine en 1er, commandant.
- Wattigny, capit. en 2e.
- Pravaz, lieutenant en 1er.
- Desgorges, sous-lieut...
} 6e batterie du 6e régiment.

Chef d'escadr. Pérot, commandant en 2e.
- Gastine, capitaine en 1er, commandant.......
- De Lafont, capit. en 2e.
- Benzon, lieutenant en 1er.
- Lamorre, lieut. en 2e...
- De la Laubie, sous-lieut.
} Batterie à balles. 7e batterie du 6e régiment.

Boschat, sous-lieutenant. } 3e comp. *bis* du 2e régiment du train d'artillerie.

Gruet, vétérinaire en 2e.

2ᵉ *division* (de L'Abadie d'Aydrein).

**Artillerie.**

Lieutenant-colonel Bougault, commandant.
- Dulon, capitaine en 1ᵉʳ, commandant.......
- Dombre, capitaine en 2ᵉ.
- Beaumarchais, lieutenant en 1ᵉʳ.............
- Lemoine, lieut. en 2ᵉ...

7ᵉ batterie du 2ᵉ régiment.

- Kramer, capitaine en 1ᵉʳ.
- Pichot, capitaine en 2ᵉ..
- Jullien, lieutenant en 1ᵉʳ.
- Ribot, lieutenant en 2ᵉ.

8ᵉ batterie du 2ᵉ régiment.

Chef d'escadr. Berthomier des Prots, commandant en 2ᵉ.
- Arnould, capitaine en 1ᵉʳ, commandant.......
- Langlois, capitaine en 2ᵉ.
- Haushalter, lieut. en 1ᵉʳ.
- Maurel, lieutenant en 2ᵉ.

Batterie à balles. 5ᵉ batterie du 2ᵉ régiment.

Lacroix, sous-lieutenant.

2ᵉ Cⁱᵉ principᵉ du 2ᵉ régiment du train d'artillerie.

Juge, vétérinaire en 2ᵉ.

3ᵉ *division* (Guyot de Lespart).

**Artillerie.**

Lieutenant-colonel Montel, commandant.
- Caré, capitaine en 1ᵉʳ, commandant.......
- Panescorse, capit. en 2ᵉ.
- Nass, lieutenant en 1ᵉʳ.
- Verle, lieutenant en 2ᵉ.

11ᵉ batterie du 2ᵉ régiment.

- Vallantin, capit. en 1ᵉʳ, commandant.......
- Rouzy, capitaine en 2ᵉ..
- Mathieu, lieut. en 1ᵉʳ...
- Grosset, lieutenant en 2ᵉ.

12ᵉ batterie du 2ᵉ régiment.

Chef d'escadr. Normand, commandant en 2ᵉ.
- Bess de Berc, capitaine en 1ᵉʳ, commandant..
- Bassot, capitaine en 2ᵉ.
- Cohadon, lieut. en 1ᵉʳ..
- Guillaume, lieut. en 2ᵉ.

Batterie à balles. 9ᵉ batterie du 2ᵉ régiment.

Dollard, sous-lieutenant.

2ᵉ comp. *bis* du 2ᵉ régiment du train d'artillerie.

*Réserve d'artillerie.*

Colonel de Salignac-Fénelon, commandant.

| | | |
|---|---|---|
| Chef d'escadron Cailloud, commandant 2 batteries montées de 4. | De Tessières, capitaine en 1er, commandant.. Kornprobst, capit. en 2e. Nicolet, lieutenant en 1er. Courtès-Bringou, lieutenant en 2e......... | 6e batterie du 2e régiment. |
| | Chardon, capitaine en 1er, commandant........ Poulleau, capitaine en 2e. Aglot, lieutenant en 1er. Tastu, lieutenant en 2e. | 10e batterie du 2e régiment. |
| Chef d'escadron du Chaffaut, commandant 2 batteries montées de 12. | Girardin, capitaine en 1er, commandant........ Lair de la Motte, capit. en 2e.............. Bonnet, lieutenant en 1er. Mourault, lieut. en 2e... | 11e batterie du 10e régiment. |
| | Deshautschamps, capit. en 1er, commandant. Bordes, capitaine en 2e. Sarrat, lieutenant en 1er. Litre, lieutenant en 2e.. | 11e batterie du 14e régiment. |
| Chef d'escadron Boudot, commandant 2 batteries à cheval de 4. | Nicolas, capitaine en 1er, commandant........ Pla, capitaine en 2e.... Bouxin, lieutenant en 1er. Prévot, lieutenant en 2e. | 5e batterie du 20e régiment à cheval. |
| | Macé, capitaine en 1er, commandant........ Lesur, capitaine en 2e... Tabourdeau, lieutenant en 2e. Majorelle, lieut. en 2e. | 6e batterie du 20e régiment à cheval. |

*Parc d'artillerie.*

Colonel Gobert, directeur.

Chef d'escadron Tessier, sous-directeur.

Capitaine en 1er Laurens, adjoint.

## Emplacement des troupes (1).

Quartier général...... à Sarreguemines.

Division Goze.......... autour de Sarreguemines (Sud et Est).

Division de L'Abadie d'Aydrein, } autour de Sarreguemines (Nord et Ouest). 84e de ligne à Phalsbourg.

---

(1) L'emplacement des troupes du 5e corps, au 29 juillet, relevé d'après les journaux de marche et les historiques des corps de troupe, était en réalité le suivant :

Division Goze.

Quartier général. à Sarreguemines.
4e bat. de chass..
11e de ligne..... } à Sarreguemines (sur la rive gauche de
46e de ligne..... } la Sarre, en face d'Hanweiler)
61e de ligne..... à la ferme de Wising.
86e de ligne.....
Artillerie....... } à Sarreguemines.
Génie. ..........

Division de L'Abadie d'Aydrein.

Quartier général. à Sarreguemines.
84e de ligne..... à Phalsbourg et à Bitche.
19e de ligne.....
88e de ligne..... } à Welferding (2 kil de Sarreguemines).
Artillerie.......
Génie. .........

Division Guyot de Lespart. } Tout entière..... à Bitche.

Division de cavalerie (Brahaut).

5e hussards. .... Autour de Sarregue-mines...
1er escadron, à l'escorte du général commandant en chef.
2e escadron, détaché à la division de Lespart.
3e escadron, détaché à la division Goze.
4e escadron, détaché a la division de L'Abadie d'Aydrein.

12e chasseurs ... à Bitche.
3e lanciers...... campé à Neunkirch.
5e lanciers...... cantonné à Rohrbach.

Réserve d'artillerie.......... à Sarreguemines.
Parc d'artillerie............ à Épinal.
Réserve du génie........... à Sarreguemines.

Division Guyot de Lespart..... à } Bitche.

Division de cavalerie Bra- } Bitche-Niederbronn (brigade légère).
haut............. à } Sarreguemines (lanciers).

# Journée du 29 juillet.

## 6ᵉ CORPS.

### a) Organisation et administration.

*Le maréchal Canrobert au Ministre de la guerre.*

Camp de Châlons, 29 juillet (nᵒ 28).

Sur les 20 batteries qui sont désignées pour faire partie du 6ᵉ corps, les 7 qui sont arrivées au camp sont complètement dépourvues de médecins et de vétérinaires.

J'ai l'honneur de prier Votre Excellence de vouloir bien donner d'urgence les ordres nécessaires pour assurer ces deux branches essentielles du service, dans l'artillerie de mon corps d'armée.

*Le général Bisson, commandant la 2ᵉ division, au maréchal Canrobert.*

Camp de Châlons, 29 juillet (nᵒ 30).

Le 9ᵉ de ligne, à son départ de Blois, a reçu l'ordre de laisser au 4ᵉ bataillon un effectif de 600 hommes, déjà placés dans les bataillons actifs, pour assurer le service pendant la durée de la haute cour de justice, à Blois.

Les réserves du 9ᵉ de ligne ayant rejoint le 4ᵉ bataillon depuis le départ du régiment, il serait à désirer que les 600 hommes laissés à Blois pussent rejoindre les bataillons actifs.

J'ai l'honneur de prier Votre Excellence de vouloir
bien provoquer des ordres à cet effet.

*Le général La Font de Villiers, commandant la 3ᵉ division, au maréchal Canrobert, au camp de Châlons.*

Soissons, 29 juillet.

J'ai eu l'honneur de vous demander, par le rapport
de ce jour, si le mouvement des réserves sur les bataillons actifs est suspendu. Cela paraîtrait résulter du
document ci-joint.

Le 94ᵉ a environ 600 hommes à son dépôt; le 75ᵉ en
compte un millier.

Les dépôts des corps de la 3ᵉ division sont à :

> Lille, pour le 75ᵉ;
> Lille, pour le 91ᵉ (qui reçoit demain 200 hommes);
> Caen, pour le 93ᵉ;
> Rouen, pour le 94ᵉ.

Je prie Votre Excellence de prendre telle mesure
qu'elle jugera convenable, pour que les effectifs puissent
être portés au chiffre fixé par la décision ministérielle
du 17 juillet dernier, par l'envoi des réserves aux
bataillons actifs.

*Le document auquel il est fait allusion, est celui-ci.*

*Le Général commandant la 1ʳᵉ subdivision de la 2ᵉ division militaire, au Major commandant le 94ᵉ, à Rouen.*

Rouen, 24 juillet.

J'ai l'honneur de vous adresser la copie d'une dépêche
télégraphique que Son Excellence le Ministre de la
guerre a adressée hier, 23 juillet, à 8 heures du soir :

« On ne doit envoyer personne aux bataillons ou escadrons de guerre, sans un ordre du Ministre. »

Je vous prie d'assurer, en ce qui vous concerne, l'exécution des prescriptions de Son Excellence.

## b) Opérations et mouvements.

*Le Major général au maréchal Canrobert, au camp de Châlons* (**D. T. ch.**).

Metz, 29 juillet, 10 h. 49, matin.

Dans combien de jours pourriez-vous vous porter en avant, avec les deux divisions de Châlons, celle de Soissons, votre cavalerie et votre artillerie de réserve ?

La route se ferait probablement à pied.

*Le maréchal Canrobert au Major général, à Metz* (**D. T. ch.**).

Paris, 29 juillet, 7 h. 33, soir.

Réponse à votre dépêche chiffrée reçue à 1 heure. — Les deux divisions de Châlons et celle de Soissons pourraient se porter en avant le 1er août, avec l'artillerie divisionnaire, mais sans cantines d'ambulance régimentaires, ni ambulances divisionnaires, ni voitures régimentaires pour la division de Soissons. L'artillerie, moins son parc de réserve et les réserves divisionnaires de cartouches, pourrait partir le 2 août, mais sans voitures. Le génie divisionnaire et le parc sont prêts. Pas de nouvelles de la compagnie de réserve. Nous n'avons ici ni série divisionnaire, ni matériel des subsistances, ni biscuit, ni sucre, ni café. Une seule compagnie du train, sur six, est au camp.

## c) Situations et emplacements.

*Situation sommaire d'effectif au 29 juillet*

| DÉSIGNATION DES CORPS. | OFFI-CIERS. | SOUS-OFFI-CIERS et TROUPE | TO-TAUX. | CHE-VAUX. | OBSER-VATIONS. |
|---|---|---|---|---|---|
| État-major général.......................... | » | » | » | » | |
| **1re division d'infanterie.** — État-major.......................... | 6 | » | 6 | » | |
| 1re bri- gade. { 9e bataillon de chasseurs... | 20 | 618 | 638 | 6 | |
| 4e régiment de ligne........ | 63 | 1,249 | 1,312 | 29 | |
| 10e id. ........ | 67 | 1,437 | 1,504 | 39 | |
| 2e bri- gade. { 12e id. ........ | 65 | 1,665 | 1,730 | 24 | |
| 100e id. ........ | 65 | 1,863 | 1,928 | 39 | |
| Artillerie.......................... | » | » | » | » | } Porté collec-tivement *. |
| Génie.......................... | » | » | » | » | |
| Train des équipages.......................... | » | » | » | » | |
| Services administratifs.......................... | » | » | » | » | |
| TOTAUX pour la 1re division........ | 286 | 6,832 | 7,118 | 137 | |
| **2e division d'infanterie.** — État-major.......................... | 10 | » | 10 | 23 | |
| 1re bri- gade. { 9e régiment de ligne........ | 65 | 1,896 | 1,961 | 36 | |
| 14e id. ........ | 64 | 1,619 | 1,680 | 38 | |
| 2e bri- gade. { 2ie id. ........ | 62 | 1,471 | 1,533 | 34 | |
| 31e id. ........ | 64 | 2,193 | 2,257 | 40 | |
| Artillerie.......................... | » | » | » | » | } Porté collec-tivement *. |
| Génie.......................... | » | » | » | » | |
| Train des équipages.......................... | » | » | » | » | |
| Services administratifs.......................... | » | » | » | » | |
| TOTAUX pour la 2e division........ | 262 | 7,179 | 7,441 | 16» | |
| **3e division d'infanterie.** — État-major.......................... | | | | | |
| 1re bri- gade. { 75e régiment de ligne........ | | | | | |
| 91e id. ........ | | | | | |
| 2e bri- gade. { 93e id. ........ | | La situation détaillée est réclamée à Soissons. | | | |
| 94e id. ........ | | | | | |
| Artillerie.......................... | | | | | |
| Génie.......................... | | | | | |
| Train des équipages.......................... | | | | | |
| Services administratifs.......................... | | | | | |
| TOTAUX pour la 3e division........ | 260 | 6,540 | 6,800 | » | environ. |
| **4e division d'infanterie.** — État-major.......................... | 10 | » | 10 | 27 | |
| 1re bri- gade. { 25e régiment de ligne........ | 63 | 1,710 | 1,773 | 25 | |
| 26e id. ........ | 55 | 1,495 | 1,550 | 23 | |
| 2e bri- gade. { 28e id. ........ | 63 | 1,537 | 1,600 | 27 | |
| 70e id. ........ | 51 | 1,261 | 1,312 | 19 | |
| Artillerie.......................... | » | » | » | » | |
| Génie.......................... | » | » | » | » | |
| Train des équipages.......................... | » | » | » | » | |
| Services administratifs.......................... | » | » | » | » | |
| TOTAUX pour la 4e division........ | 242 | 6,003 | 6,245 | 121 | |
| *A reporter............* | | | | | |

| DÉSIGNATION DES CORPS. | OFFI-CIERS. | SOUS-OFFI-CIERS et TROUPE | TO-TAUX. | CHE-VAUX. | OBSER-VATIONS. |
|---|---|---|---|---|---|
| *Report*............... | ...... | ...... | ...... | ...... | |
| Division de cavalerie. État-major........................ | » | » | » | » | |
| 1re bri- gade. 1er régiment de hussards..... | 25 | 386 | 411 | 373 | |
| 6e régiment de chasseurs (1)... | » | » | » | » | |
| 2e bri- gade. 1er régiment de lanciers...... | 17 | 259 | 276 | 257 | |
| 7e id. (2)... | » | » | » | » | |
| 3e bri- gade. 5e régiment de cuirassiers..... | » | » | » | » | Les situa- tions sont demandées. |
| 6e id. (3).. | » | » | » | » | |
| TOTAUX pour la division de cavalerie. | 42 | 645 | 687 | 630 | |
| *Artillerie (la première situation comprendra la répar- tition dans les divisions). .................. | 29 | 1,204 | 1,233 | 29 | 7 batteries sont arri- |
| TOTAUX pour l'artillerie........... | 29 | 1,204 | 1,233 | 29 | vées, 6 sont attendues aujour- |
| *Génie............................. | 15 | 435 | 450 | 49 | d'hui, 9 de- main 30 |
| TOTAUX pour le génie............. | 15 | 435 | 450 | 49 | juillet. |
| TOTAUX GÉNÉRAUX.................. | 1,136 | 28,838 | 29,974 | 1,134 | |

## Emplacement des troupes.

| | |
|---|---|
| Quartier général............... | au camp de Châlons. |
| Division Tixier................ | au camp de Châlons. |
| Division Bisson................ | au camp de Châlons. |
| Division La Font de Villiers...., | à Soissons. |
| Division Levassor-Sorval........ | à Paris. |
| Division de cavalerie (de Salignac-Fénelon)................... | au camp de Châlons (en formation). |
| *Réserve d'artillerie............* | *au camp de Châlons. (en formation).* |
| *Parc d'artillerie..............* | *à La Fère.* |
| *Réserve et parc du génie........* | *au camp de Châlons.* |

(1) Le 6e chasseurs, venant de Tarascon par les voies ferrées, n'arrivera au camp de Châlons que le 4 août.

(2) Le 7e lanciers, venant de Moulins et Nevers par étapes, n'arrivera au camp de Châlons que le 81 juillet.

(3) Les 5e et 6e cuirassiers, partis respectivement de Vendôme et le Mans, se verront retenus à Paris jusqu'au 19 août et seront appelés alors à faire partie de la division de cavalerie (Liehtlin) du 12e corps (Lebrun).

# Journée du 29 juillet.

## 7ᵉ CORPS.

### a) Journaux de marche.

DIVISION LIÉBERT.

**Journal de marche.**

La première colonne du 37ᵉ de ligne, venant de Nice et composée de l'état-major et de 8 compagnies, arrive à Belfort le 29 juillet : 26 officiers, 805 hommes.

(La veille, y est arrivé le 5ᵉ de ligne, composé de 62 officiers et de 2,148 hommes.)

Le 29 juillet, arrivent également à Belfort les trois bataillons du 89ᵉ de ligne, avec un effectif de 62 officiers et 1533 hommes.

GÉNIE.

**Journal de marche.**

Le général Doutrelaine accompagne le général Douay qui va visiter les positions de la frontière, vers Huningue.

### b) Organisation et administration.

*Le général Douay au Major général, à Metz* (D. T. ch.).

Belfort, 29 juillet, 7 h. 20, soir.

Sont arrivés à Belfort : le 89ᵉ, 7 compagnies du 37ᵉ (1),

---

(1) D'après l'historique du 37ᵉ régiment d'infanterie, ce n'est pas 7, mais bien 8 compagnies qui sont arrivées à Belfort le 29 juillet; on y lit en effet : « Le régiment, appelé à faire partie du 7ᵉ corps d'armée, général Douay, 2ᵉ division, général Liébert, 1ʳᵉ brigade, général Guiomar, se met en route, le 27 juillet, en deux colonnes : la première, composée du 1ᵉʳ bataillon et des 1ʳᵉ et 2ᵉ compagnies du 2ᵉ bataillon,

le 5e de ligne, 2 batteries du 19e. Toutes ces troupes très imparfaitement pourvues d'ustensiles et de matériel. J'ai visité Huningue, le dépôt du 45e me paraît fort en l'air. Des bruits vagues annoncent la présence de l'ennemi à Lœrrach et Nollingen. Je ne crois pas à de grandes forces sur ces deux points, toutefois, il me paraît urgent prendre dispositions pour couvrir Mulhouse et chemin de fer.

Je fais tous mes efforts pour activer l'outillage des troupes et les rendre disponibles, afin d'être en mesure de parer à une éventualité de ce côté; mais je suis entravé par le manque de campement et de matériel. J'en ai envoyé chercher à Paris. J'aurai bientôt 500 voitures de train auxiliaire que j'organise avec le plus grand soin.

J'écris en détail au maréchal Mac-Mahon, pour les propositions que je fais afin d'arriver à couvrir Mulhouse et chemin de fer.

*Le général de Liégeard au général Soleille, à Metz.*

Colmar, 29 juillet (n° 18).

J'ai l'honneur de vous accuser réception de vos deux lettres en date du 27 juillet, ainsi que des modèles d'état qui les accompagnent.

Je n'ai, dans ce moment, qu'une très faible portion de mon artillerie réunie à Belfort, et c'est seulement hier que j'ai appris accidentellement son arrivée dans cette place.

J'ai écrit à tous les points de départ des batteries qui doivent être sous mon commandement, pour être ren-

---

sous les ordres du lieutenant-colonel Blanchetée, se rend par les voies rapides à Belfort; la deuxième colonne part le 28, sous les ordres du lieutenant-colonel; elle est composée de 4 compagnies du 2e bataillon et du 3e bataillon. Le régiment est réuni le 30 à Belfort. »

seigné sur l'époque de leur mise en route et sur celle de
leur arrivée aux différents points de concentration; je
n'ai encore reçu aucune réponse.

Par les renseignements qui me sont venus du ministère, je sais que les réserves divisionnaires doivent se
former à Vesoul, et j'ai lieu de croire qu'elles y seront
très prochainement. Le parc formé à Rennes doit aussi
se transporter à Vesoul. Enfin, l'équipage de pont se
forme à Auxonne, où il doit attendre des ordres de
mouvement (1).

Dans cet état de choses, il m'est impossible de vous
envoyer de suite les situations que vous me demandez;
je m'empresserai de vous les fournir dès que j'aurai
reçu les renseignements nécessaires.

*Le général Véronique, directeur du génie, au général
Doutrelaine, commandant le génie du 7e corps, à Belfort.*

Paris, 29 juillet.

Ne vous étonnez pas que la 12e compagnie du 2e régiment n'ait que 112 hommes à l'effectif. Le général
Dejean, lorsqu'il a organisé le personnel du génie à
l'armée, n'a pas voulu qu'on complétât à 150 hommes
les compagnies qui allaient partir. Les hommes de la
réserve n'étaient pas alors rentrés dans les corps et, si
l'on avait porté à 150 hommes l'effectif des premières
compagnies à mettre en marche, celles-ci eussent été
complétées avec d'excellents éléments (de vieux sapeurs),
tandis que celles qui devaient les suivre, n'eussent été
complétées qu'avec des éléments moins bons (des

---

(1) L'équipage de pont, affecté au 7e corps, devait être attelé par la
7e compagnie du 16e pontonniers, qui était partie de Lyon le 21 juillet
pour aller le prendre à Auxonne. Cette compagnie resta à Auxonne
jusqu'au 3 août; et ce n'est qu'à cette date qu'elle partit par voie ferrée
pour Vesoul avec son équipage et ses attelages à destination du parc du
7e corps.

hommes de la réserve). Je vais prendre, maintenant que
les hommes de la réserve sont rentrés, et que la moitié
environ est habillée et équipée, les ordres du Ministre
pour compléter les compagnies à l'armée.

Votre parc (*de corps*) d'armée a été envoyé de Lyon
à Belfort, le 27. Quant au détachement de sapeurs-
conducteurs qui doit l'atteler, il est attendu d'Algérie.
Les ordres ont été donnés pour que ces détachements
(hommes et mulets) soient dirigés directement de
Marseille sur Belfort.

J'ai donné lecture au Ministre de la partie de votre
dépêche du 27 juillet qui concerne les travaux que vous
avez fait entreprendre aux Hautes et Basses Perches et à
Bellevue. Il me charge de vous remercier des détails
que vous lui donnez et de vous dire qu'il approuve tout
ce que vous avez fait.

### d) Situations et emplacements.

*Le général Douay au Major général, à Metz* (D. T.).

Belfort, 29 juillet 2 h. 55, soir (n° 2399).

A *Colmar*, 1<sup>re</sup> *division* (1) : 17<sup>e</sup> bataillon de chasseurs à
pied, 21 officiers, 513 hommes ; 3<sup>e</sup> de ligne, 62 officiers,
1453 hommes ; 21<sup>e</sup> de ligne, 61 officiers, 1682 hommes.

---

(1) Les autres éléments de la division Conseil-Dumesnil ont les emplacements suivants :

Le 47<sup>e</sup>, venant de Chambéry, arrive à Colmar le 24 juillet. Il y reste
jusqu'au 4 août ;

Le 99<sup>e</sup> de ligne, venant d'Aix, n'aura ses 3 bataillons réunis à Colmar
que le 4 août ;

Les 3 batteries d'artillerie (5<sup>e</sup>, 6<sup>e</sup> et 11<sup>e</sup> du 7<sup>e</sup>), parties de Rennes le
28 juillet, n'arriveront à Colmar que le 31 juillet ;

La 2<sup>e</sup> compagnie du 2<sup>e</sup> régiment du génie, venant de Montpellier,
ne rejoindra que le 4 août, étant restée, du 31 juillet au 3 août, em-
ployée aux travaux de défense à Belfort.

*A Belfort*, 2ᵉ *division* (1) : 5ᵉ de ligne : officiers 60 ; troupe 2,163 ; 37ᵉ de ligne : officiers 23 ; 805 hommes ; 89ᵉ : officiers 02, 1543 hommes.

*Cavalerie à Belfort :* 4ᵉ hussards, 45 officiers, 546 cavaliers ; 4ᵉ lanciers, 41 officiers, 435 cavaliers ; 8ᵉ lanciers, 39 officiers, 433 cavaliers.

*A Belfort, génie :* 4 officiers, 119 hommes ; *artillerie :* 3 batteries, 3 officiers, troupe 431.

La situation de la 3ᵉ division a été demandée à Lyon.

### Emplacement des troupes.

| | |
|---|---|
| Quartier général............. | à Belfort. |
| Division Conseil–Dumesnil.... | à Colmar ⎫ |
| Division Liébert............. | à Belfort ⎬ (en formation). |
| Division Dumont............. | à Lyon ⎭ |
| Division de cavalerie (Ameil).. | à Belfort (3 régiments, (2). |
| Réserves d'artillerie et du génie | à Belfort (en formation). |
| Parc d'artillerie............. | à Vesoul. |

---

(1) Il manque encore à la division Liébert : le 6ᵉ bataillon de chasseurs, qui n'arrivera de Civita-Vecchia que le 2 août ; le 53ᵉ de ligne, qui sera rendu à Belfort le lendemain, 30 juillet, venant de Briançon, et la 2ᵉ colonne du 37ᵉ de ligne (10 compagnies), venant de Nice, qui arrivera également le 30 juillet.

(2) Quant aux deux autres régiments de la division Ameil (6ᵉ hussards et 6ᵉ dragons), qui sont appelés à former la brigade Jolif-Ducoulombier ils seront retenus à Lyon jusqu'au 23 août et feront partie du 13ᵉ corps (Vinoy).

# Journée du 29 juillet.

## GARDE IMPÉRIALE.

### a) Journaux de marche.

#### Journal de marche de la Garde.

Le prince impérial visite le camp de Chambière; il est acclamé par les troupes, qui se portent en foule sur son passage.

Constitution de la Prévôté de la division de cavalerie.

Constitution de l'ambulance de la même division.

Un détachement du train des équipages militaires, 2e division de la 4e compagnie, rejoint la 2e division et est campé à la gauche du train d'artillerie de cette division.

#### DIVISION DELIGNY.

#### Journal de marche.

La division fait séjour au bivouac de Chambière, dans le polygone d'artillerie, où elle est arrivée la veille à 11 h. 1/2, venant de Pont-à-Mousson.

A 9 h. du matin, le prince impérial vient visiter le bivouac, où il est reçu avec acclamations.

Une proclamation de l'Empereur à l'armée du Rhin est lue à toutes les troupes rassemblées au bivouac.

M. le capitaine d'état-major Delphin est désigné pour faire partie de la commission de renseignements qui doit fonctionner au quartier général de la Garde.

M. Lejeune, sous-intendant militaire, vient remplacer son collègue M. Samson, dans les fonctions de sous-intendant militaire de la division.

Arrivée d'un maréchal des logis et de 11 hommes de gendarmerie, destinés à faire partie de la Prévôté de la division.

**Journal de marche.**

La division est campée, depuis le 27, au polygone de Chambière, à Metz.

Un détachement du train des équipages de la Garde rejoint la division et est campé à la gauche du train d'artillerie.

### b) Organisation et administration

*Le Ministre de la Guerre au général commandant les dépôts de la Garde.*

Paris, 29 juillet.

Le Ministre de la guerre par intérim a l'honneur d'informer M. le général commandant les dépôts de la Garde impériale que des ordres sont donnés, à la date de ce jour, pour que les contingents ci-après, choisis parmi les militaires rappelés de la réserve, soient immédiatement dirigés par les voies ferrées sur les régiments de cavalerie de la Garde, savoir :

*Carabiniers.*

| | | |
|---|---|---|
| 2ᵉ de cuirassiers........ | 10 hommes. | |
| 5ᵉ — ........ | 10 — | |
| 7ᵉ — ........ | 15 — | } 55 hommes |
| 8ᵉ — ........ | 10 — | |
| 9ᵉ — ........ | 10 — | |

*Cuirassiers.*

| | | |
|---|---|---|
| 1ᵉʳ de cuirassiers........ | 10 hommes. | |
| 2ᵉ — ........ | 10 — | |
| 3ᵉ — ........ | 8 — | |
| 4ᵉ — ........ | 12 — | |
| 5ᵉ — ........ | 9 — | } 106 hommes. |
| 6ᵉ — ........ | 12 — | |
| 7ᵉ — ........ | 12 — | |
| 8ᵉ — ........ | 11 — | |
| 9ᵉ — ........ | 7 — | |
| 10ᵉ — ........ | 15 — | |

*Dragons de l'Impératrice.*

| | | | |
|---|---|---|---|
| 1er de dragons | 10 hommes. | |
| 2e — | 15 — | |
| 5e — | 15 — | |
| 7e — | 12 — | |
| 9e — | 20 — | 108 hommes. |
| 10e — | 16 — | |
| 11e — | 10 — | |
| 12e — | 10 — | |

*Lanciers de la Garde.*

| | | |
|---|---|---|
| 5e de lanciers | 10 hommes. | |
| 6e — | 5 — | 20 hommes. |
| 7e — | 5 — | |

*Chasseurs de la Garde.*

7e de chasseurs......... 30 hommes.

*Guides.*

1er de hussards......... 50 hommes.

Les détachements des 7e de chasseurs et 1er de hussards seront conduits à destination par un sous-officier qui rétrogradera sur son corps.

*Le chef d'escadron de Starnor, chef d'état-major des dépôts de la Garde impériale, au général Dauvergne, chef d'état-major de la Garde, à Metz.*

Paris, 29 juillet (n° 5).

M. le général commandant les dépôts a reçu hier, à 8 heures du soir, l'ordre de mettre en route aujourd'hui pour Metz 850 hommes des différents corps de la Garde.

Les mouvements des dépôts n'ayant pas encore été prescrits, j'ai eu beaucoup de peine à faire parvenir les ordres à temps, surtout aux 2e, 3e et 4e voltigeurs; j'ai été cependant assez heureux pour réussir.

Tous les contingents vont être réunis à l'École mili-

taire, à 2 heures, pour y être formés en un seul détachement qui partira sous la conduite d'un officier par brigade, et sous le commandement de M. le capitaine
Bergier, du 2ᵉ grenadiers, qui va rejoindre sa compagnie.

La plupart des cadres sont composés de sous-officiers
et caporaux rentrant de la réserve, qui ne rétrograde-
ront pas.

*Le général Bourbaki au Major général, à Metz.*

Camp de Chambière, 29 juillet.

M. le colonel du régiment des lanciers de la Garde
demande que, pendant la campagne, la veste bleue soit
substituée à l'habit blanc, comme cela s'est pratiqué en
Italie.

Le général commandant la division de cavalerie
appuie cette demande sur ce que l'habit blanc ne peut
être conservé, en campagne, dans un état suffisant de
propreté.

J'ai l'honneur de prier Votre Excellence de vouloir
bien donner l'autorisation nécessaire pour que le régiment des lanciers puisse verser les habits blancs en magasin. Il restera alors, entre les mains des hommes, la
veste et le manteau (1).

*Le général Bourbaki au Major général, à Metz.*

Camp de Chambière, 29 juillet (urgent) (n° 9).

Un nombre assez considérable d'officiers de la Garde
impériale sont actuellement à remonter, et la commission de remonte du quartier général de la Garde n'a pas
un seul cheval à leur livrer.

J'ai l'honneur de prier Votre Excellence de vouloir

---

(1) *Annotation en marge :* Approuvé, l'Empereur. Écrire à Bourbaki.

bien faire donner des ordres pour que ces officiers puissent recevoir des chevaux de selle et de trait du dépôt de remonte de Metz, sur l'autorisation que je leur en donnerai, en vertu de la décision ministérielle du 19 de ce mois.

*Le Commandant de la 4ᵉ circonscription de remonte à Sampigny, au général Bourbaki à Metz* (D. T.).

Lérouville, 29 juillet, 5 h. 5, soir (n° 2449).

Je pense pouvoir livrer à la Garde impériale 50 chevaux d'artillerie, selle, d'ici à deux jours ; les chevaux de trait peuvent être livrés de suite ; le dépôt ne possède pas de mulets.

*Le général Bourbaki au Major général.*

Metz, 29 juillet.

M. l'intendant militaire de la Garde me rend compte que trois voitures d'ambulance à quatre roues et dix voitures à deux roues vont être mises à la disposition du service des ambulances de la Garde impériale ; mais que ces voitures ne sont pas pourvues de leurs harnais. Je prie Votre Excellence de vouloir bien donner des ordres pour que ces voitures soient accompagnées des harnais nécessaires.

### DIVISION PICARD.

*Ordre de la division n° 1.*

Camp de Chambière, 29 juillet

Les différents chefs de service attachés à la division, par suite de sa mobilisation, sont :

M. le sous-intendant Brassel, chargé de tous les services administratifs ;

M. Boulongne, médecin-major de 1ʳᵉ classe, chef de l'ambulance ;

2ᵉ fascicule.        9

M. le lieutenant-colonel d'artillerie Denecey de Cevilly, commandant l'artillerie ;

M. le chef de bataillon du génie Henry, commandant le génie ;

M. le capitaine de gendarmerie de Simoize, prévôt de la division ;

M. Mathieu, payeur particulier.

Les troupes attachées à la division sont :

*Artillerie :* les 3ᵉ, 4ᵉ et 6ᵉ batteries du régiment monté de la Garde.

*Génie :* la 10ᵉ compagnie du 3ᵉ régiment.

*Gendarmerie :* deux brigades à cheval, une à pied.

*Le Ministre de la guerre au Maréchal commandant le 8ᵉ corps et la 1ʳᵉ division militaire, à Paris.*

Paris, 29 juillet.

J'ai décidé que le parc d'artillerie de la Garde (400 hommes, 700 chevaux, 112 voitures) serait immédiatement dirigé sur Metz.

Le mouvement s'effectuera par les voies ferrées, conformément à l'ordre de route ci-joint.

Je vous prie de donner les ordres et avis en conséquence et de concerter, avec les compagnies de chemin de fer, toutes les mesures pour assurer le transport à destination des troupes dont il s'agit.

*Note pour la 4ᵉ direction.* — On a l'honneur d'informer la 4ᵉ direction que le parc d'artillerie de la Garde (400 hommes, 700 chevaux, 112 voitures), partira de Versailles le 30 juillet, pour Metz, où il arrivera le 31.

## d) Situations et emplacements.

*Situation sommaire d'effectif, du 29 au 30 juillet.*

| CORPS. | OFFICIERS. | SOUS-OFFICIERS et troupe. | TOTAUX. | CHEVAUX. | OBSERVATIONS. |
|---|---|---|---|---|---|
| État-major général | 43 | » | 43 | 67 | |
| **1re division infanterie.** État-major | 13 | » | 13 | 39 | |
| 1re brigade. Bataillon de chasseurs | 28 | 720 | 748 | 40 | |
| 1er régiment de voltigeurs | 65 | 1,636 | 1,701 | 32 | |
| 2e id. | 67 | 1,636 | 1,703 | 32 | |
| 2e brigade. 3e id. | 67 | 1,676 | 1,743 | 32 | |
| 4e id. | 65 | 1,684 | 1,749 | 34 | |
| Totaux de la 1re division | 305 | 7,352 | 7,657 | 169 | |
| **2e division infanterie.** État-major | 16 | » | 16 | 41 | |
| 1re brigade. Régiment de zouaves | 45 | 1,104 | 1,149 | 28 | |
| 1er grenadiers | 69 | 1,672 | 1,741 | 32 | |
| 2e brigade. 2e id. | 67 | 1,671 | 1,738 | 31 | |
| 3e id. | 69 | 1,634 | 1,703 | 32 | |
| Totaux de la 2e division | 266 | 6,081 | 6,347 | 164 | |
| **Division de cavalerie.** État-major | 12 | » | 12 | 53 | |
| 1re brigade. Régiment des guides | 48 | 661 | 709 | 645 | |
| id. chasseurs | 48 | 666 | 714 | 649 | |
| 2e brigade. id. lanciers | 40 | 505 | 545 | 521 | |
| id. dragons | 48 | 681 | 729 | 646 | |
| 3e brigade. id. cuirassiers | 48 | 652 | 700 | 648 | |
| id. carabiniers | 48 | 638 | 686 | 632 | |
| Totaux de la division de cavalerie | 292 | 3,803 | 4,095 | 3,794 | |
| **Artillerie.** Régiment monté | 35 | 952 | 987 | 842 | |
| Régiment à cheval | 24 | 554 | 578 | 605 | |
| Escadron du train | 2 | 70 | 72 | 112 | |
| Totaux de l'artillerie | 61 | 1,576 | 1,637 | 1,559 | |
| **Génie.** 1 compagnie | 4 | 108 | 112 | 12 | |
| 1 compagnie | 4 | 120 | 124 | 12 | |
| Parc du génie | » | 39 | 39 | 61 | |
| Totaux du génie | 8 | 267 | 275 | 85 | |
| Prévoté | 3 | 55 | 58 | 39 | |
| Escadron du train des équipages | 13 | 353 | 366 | 506 | |
| Totaux généraux | 991 | 19,487 | 20,478 | 6,383 | |

## DIVISION DELIGNY.

*Situation au 29 juillet.*

| CORPS et EMPLACEMENTS. | PRÉSENTS. | | | | AUX HÔPITAUX. | | ABSENTS pour autres causes. | | EFFECTIF. | | CHEVAUX. | | | OBSERVATIONS. |
|---|---|---|---|---|---|---|---|---|---|---|---|---|---|---|
| | Officiers. | | Troupe. | | | | | | | | | | | |
| | Disponibles. | Indisponibles. | Disponibles. | Indisponibles. | Officiers. | Troupe. | Officiers. | Troupe. | Officiers. | Troupe. | Disponibles. | Indisponibles. | Effectif. | |
| État-major de la division | 13 | » | » | » | » | » | » | » | 13 | » | 39 | » | 39 | |
| Chasseurs à pied | 28 | » | 743 | » | » | 8 | » | 3 | 28 | 724 | 10 | » | 10 | |
| 1er rég. de voltigeurs | 64 | » | 1,597 | » | 1 | 18 | » | 24 | 65 | 1,636 | 32 | » | 32 | |
| 2e id. | 67 | » | 1,573 | 42 | » | 20 | » | » | 67 | 1,635 | 32 | » | 32 | |
| 3e id. | 65 | » | 1,644 | 16 | 2 | 8 | » | 8 | 67 | 1,676 | 32 | » | 32 | |
| 4e id. | 63 | » | 1,586 | 77 | 2 | 13 | » | 8 | 65 | 1,684 | 23 | 1 | 24 | |
| 1re, 2e et 5e batteries d'artillerie (réserves divisionnaires) | 18 | » | 454 | » | » | 18 | » | 3 | 18 | 475 | 426 | 15 | 441 | |
| Intendance, subsistances, hôpitaux, train. | 11 | » | 114 | » | » | 1 | » | » | 11 | 115 | 162 | 3 | 165 | |
| Dragons de l'impératrice (1 peloton) | 1 | » | 26 | » | » | » | » | » | 1 | 26 | 27 | » | 27 | |
| 8e compagnie de sapeurs du génie | 4 | » | 105 | » | » | 3 | » | » | 4 | 108 | 12 | » | 12 | |
| Prévôté | 1 | » | 14 | » | » | » | » | 5 | 1 | 19 | 11 | 1 | 12 | |
| TOTAUX | 335 | » | 7,826 | 135 | 5 | 89 | » | 48 | 340 | 8,098 | 806 | 20 | 826 | |

## DIVISION PICARD.

*Situation au 29 juillet.*

| CORPS et EMPLACEMENTS. | PRÉSENTS. | | | | AUX HÔPITAUX. | | ABSENTS pour autres causes. | | EFFECTIF. | | CHEVAUX et mulets. | | | OBSERVATIONS. |
|---|---|---|---|---|---|---|---|---|---|---|---|---|---|---|
| | Officiers. | | Troupe. | | | | | | | | | | | |
| | Disponibles. | Indisponibles. | Disponibles. | Indisponibles. | Officiers. | Troupe. | Officiers. | Troupe. | Officiers. | Troupe. | Disponibles. | Indisponibles. | Total. | |
| État-major | 10 | » | » | » | » | » | » | » | 10 | » | 38 | » | 38 | |
| Zouaves | 45 | » | 1,069 | 23 | » | 5 | » | 4 | 45 | 1,101 | 28 | » | 28 | |
| 1er rég. de grenadiers | 65 | » | 1,643 | 18 | » | 5 | 3 | 6 | 68 | 1,672 | 32 | » | 32 | |
| 2e id. | 66 | » | 1,658 | » | » | 4 | 1 | 9 | 67 | 1,671 | 31 | » | 31 | |
| 3e id. | 69 | » | 1,611 | 23 | » | 12 | » | 11 | 69 | 1,634 | 33 | » | 33 | |
| Génie (10e compagnie) | 4 | » | 120 | » | » | » | » | » | 4 | 120 | 12 | » | 12 | |
| Artillerie (3e, 4e et 6e batteries du régiment monté) | 17 | » | 449 | 10 | » | 12 | » | 4 | 17 | 475 | 402 | » | 402 | |
| Gendarmerie | 1 | » | 16 | » | » | » | » | » | 1 | 16 | 11 | » | 11 | |
| Peloton d'escorte (dragons) | 1 | » | 25 | » | » | » | » | » | 1 | 25 | 26 | » | 26 | |
| Intendances (services administratifs) | 6 | » | 2 | » | » | » | » | » | 6 | 2 | 3 | » | 3 | |
| TOTAUX | 284 | » | 6,593 | 74 | » | 38 | 4 | 34 | 288 | 6,716 | 616 | » | 616 | |

## DIVISION DE CAVALERIE (DESVAUX).
### Situation au 29 juillet.

| CORPS et EMPLACEMENTS. | PRÉSENTS. Officiers. Disponibles. | PRÉSENTS. Officiers. Indisponibles. | PRÉSENTS. Troupe. Disponibles. | PRÉSENTS. Troupe. Indisponibles. | AUX HÔPITAUX. Officiers. | AUX HÔPITAUX. Troupe. | ABSENTS pour autres causes. Officiers. | ABSENTS pour autres causes. Troupe. | EFFECTIF. Officiers. | EFFECTIF. Troupe. | CHEVAUX et mulets. Disponibles. | CHEVAUX et mulets. Indisponibles. | CHEVAUX et mulets. Effectif. | Voitures. |
|---|---|---|---|---|---|---|---|---|---|---|---|---|---|---|
| État-major..... | 12 | » | » | » | » | » | » | » | 12 | » | 48 | » | 48 | 11 |
| uides......... | 41 | » | 537 | » | » | 5 | 7 (1) | 119 (1) | 48 | 661 | 644 | 1 | 645 | 7 |
| hasseurs..... | 48 | » | 660 | » | » | 3 | » | 3 | 48 | 666 | 649 | » | 649 | 7 |
| anciers (1er, 2e, 3e et 4e escadrons (2)..... | 41 | » | 501 | » | » | 4 | » | » | 41 | 505 | 512 | 9 | 521 | 7 |
| ragons........ | 46 | » | 654 | 5 | 1 | 8 | 1 | 14 | 48 | 681 | 643 | 3 | 646 | 7 |
| uirassiers. ... | 45 | » | 651 | » | » | 1 | 3 | » | 48 | 652 | 645 | 4 | 649 | 7 |
| arabiniers..... | 47 | » | 628 | 2 | » | 7 | 1 | 1 | 48 | 638 | 625 | 8 | 633 | 7 |
| rtillerie... .. | 10 | » | 265 | » | » | » | » | » | 10 | 265 | 288 | » | 288 | » |
| **Totaux...** | 290 | » | 3,896 | 7 | 1 | 28 | 12 | 137 | 403 | 4,068 | 4,054 | 25 | 4,079 | 53 |

(1) Escadron détaché au grand quartier général.
(2) Un escadron détaché au quartier général de la garde.

## ARTILLERIE DE LA GARDE.
### Situation au 29 juillet (1).

| CORPS ET EMPLACEMENTS. | | OFFICIERS. | TROUPE. | CHEVAUX. | CORPS. | OBSERVATIONS. |
|---|---|---|---|---|---|---|
| État-major. .................... | | 5 | » | 11 | » | |
| 1re division. Voltigeurs. | État-major........ | 5 | » | 7 | » | |
| | 1er régiment........ | 4 | 143 | 122 | 1,268 | |
| | 2e id. ........ | 4 | 147 | 119 | 1,268 | |
| | 5e id. ........ | 4 | 144 | 118 | 2,589 | |
| | Train............. | 1 | 42 | 73 | 30,417 | |
| 2e division. Grenadiers. | État-major........ | 4 | 4 | 7 | » | |
| | 3e régiment........ | 4 | 144 | 115 | 1,268 | |
| | 4e id. ........ | 4 | 140 | 114 | 1,268 | |
| | 6e id. ........ | 4 | 150 | 116 | 2,511 | |
| | Train............. | 1 | 41 | 72 | » | |
| Cavalerie........ | État-major........ | 3 | » | 3 | » | |
| | 1er régiment........ | 4 | 151 | 150 | 984 | |
| | 2e id. ........ | 3 | 133 | 147 | 984 | |
| Réserve........ | État-major........ | 9 | » | 17 | » | |
| | 3e régiment........ | 4 | 179 | 176 | 984 | |
| | 4e id. ........ | 4 | 120 | 132 | 984 | |
| | 5e id. ........ | 4 | 129 | 129 | 984 | |
| | 6e id. ........ | 4 | 135 | 131 | 984 | |
| **Totaux.............** | | 75 | 1,802 | 1,759 | » | |

(1) Emprunté aux Archives de l'artillerie (Saint-Thomas-d'Aquin).

## RÉSERVE D'ARTILLERIE DE LA GARDE.

*Situation des présents au 29 juillet.*

| CORPS et EMPLACEMENTS. | PERSONNEL. | | | | CHEVAUX DE SELLE. | | | | CHEVAUX | | | | OBSERVATIONS. |
|---|---|---|---|---|---|---|---|---|---|---|---|---|---|
| | Officiers. | | Troupe. | | Officiers. | | Troupe. | | de trait. | | de bât. | | |
| | Disponibles. | Indisponibles. | Disponibles. | Indisponibles. | Disponibles. | Indisponibles. | Disponibles. | Indisponibles. | Disponibles. | Indisponibles. | Disponibles. | Indisponibles. | |
| État-major......... | 5 | » | » | » | 11 | » | » | » | » | » | » | » | |
| Réserve d'artillerie... | 24 | » | 550 | 5 | 39 | » | 325 | 3 | 237 | 2 | » | » | |
| Totaux..... | 29 | » | 550 | 5 | 50 | » | 325 | 3 | 237 | 2 | » | » | |

## GÉNIE DE LA GARDE.

*Situation au 29 juillet.*

| CORPS et EMPLACEMENTS. | PRÉSENTS. | | | | AUX HÔPITAUX. | | ABSENTS pour autres causes. | | EFFECTIF. | | CHEVAUX et mulets. | | |
|---|---|---|---|---|---|---|---|---|---|---|---|---|---|
| | Officiers. | | Troupe. | | | | | | | | | | |
| | Disponibles. | Indisponibles. | Disponibles. | Indisponibles. | Officiers. | Troupe. | Officiers. | Troupe. | Officiers. | Troupe. | Disponibles. | Indisponibles. | Total. |
| État-major du génie (quartier général)(1). | 7 | » | » | » | 1 | » | 1 | » | 9 | » | 17 | » | 17 |
| 3e section de la 10e compagnie de sapeurs du 3e régiment du génie. | 2 | » | 61 | » | » | » | » | » | 2 | 61 | 5 | » | 5 |
| Parc du génie....... | » | » | 39 | » | » | » | » | » | » | 39 | 61 | » | 61 |
| Totaux..... | 9 | » | 100 | » | 1 | » | 1 | » | 11 | 100 | 83 | » | 83 |

(1) Le service du génie, à la garde impériale, peut être considéré comme complètement assuré. Il ne manque, en effet, qu'un officier et un garde, tous deux en route pour rejoindre.

## TRAIN DES ÉQUIPAGES DE LA GARDE.

*Situation au 29 juillet.*

| CORPS et EMPLACEMENTS. | PRÉSENTS. | | | | AUX HÔPITAUX. | | ABSENTS pour autres causes. | | EFFECTIF. | | CHEVAUX et mulets. | | | OBSERVATIONS. |
|---|---|---|---|---|---|---|---|---|---|---|---|---|---|---|
| | Officiers. | | Troupe. | | | | | | | | | | | |
| | Disponibles. | Indisponibles. | Disponibles. | Indisponibles. | Officiers. | Troupe. | Officiers. | Troupe. | Officiers. | Troupe. | Disponibles. | Indisponibles. | Total. | |
| Escadron du train des équipages de la garde. | 13 | » | 353 | » | » | » | » | » | 13 | 353 | 506 | » | 506 | |
| Totaux..... | 13 | » | 353 | » | » | » | » | » | 13 | 353 | 506 | » | 506 | |

**Emplacement des troupes au 29 juillet (1).**

| | |
|---|---|
| Quartier général......................... | à Metz. |
| Division Deligny......................... | à Metz. |
| Division Picard. ........................ | à Metz. |
| Division de cavalerie (Desvaux)............. | à Metz. |
| Artillerie et génie....................... | à Metz. |

# Journée du 29 juillet.

## RÉSERVE DE CAVALERIE.

### a) Journaux de marche.

#### DIVISION DU BARAIL.

#### Journal de marche.

La division est en formation à Lunéville; le général du Barail, commandant la division, est seul arrivé dans cette place avec quelques officiers, à la date du 29 juillet.

---

(1)    EMPLACEMENT DES TROUPES AU 28 JUILLET.

1° La division de voltigeurs campe au terrain de manœuvre du Ban-Saint-Martin. Les terrains mis à sa disposition à cet endroit sont : le terrain de manœuvre proprement dit, les allées des marronniers, le rivage de la Moselle et les portions du glacis du Fort-Moselle, susceptibles d'être occupées;

2° La division de grenadiers campe au polygone de Chambière, son front le long du cimetière. L'état-major de la Garde doit y placer, en outre, les réserves d'artillerie et les parcs, ainsi qu'une partie de la cavalerie.

Le reste de la cavalerie doit être placé au polygone du génie, tant sur les glacis de l'ouvrage à cornes qu'en avant de la lunette d'Arçon...

(*Lettre du général Crespin, commandant la 5e division militaire, au Major général.*)

## b) Organisation et administration.

*Le sous-intendant militaire Schmitz, de la 1ʳᵉ division de réserve de cavalerie, au général du Barail.*

Lunéville, 29 juillet.

J'ai l'honneur de vous informer que les voitures d'équipage d'état-major et régimentaires, nécessaires à votre division, viennent d'arriver au parc de Toul.

Je mande, par le télégraphe, au commandant du parc, qu'il ait à les expédier d'urgence à Lunéville. Aussitôt leur réception, je m'empresserai de vous en instruire

*Le général de Forton au Major général, à Metz.*

Pont-à-Mousson, 29 juillet (n° 15).

J'ai l'honneur de rendre compte à Votre Excellence que les étendards des quatre régiments de ma division, conformément à vos instructions, ont été versés à l'arsenal de Metz.

Le 10ᵉ régiment de cuirassiers, venant de Châlons et de Sedan, est arrivé ce matin à Pont-à-Mousson.

Ma division de cavalerie est donc constituée, ou plutôt réunie, car les deux batteries (1) désignées pour être attachées à ma division, d'après le tableau de composition de l'armée, ne me sont pas encore annoncées.

Le 10ᵉ cuirassiers n'est pas pourvu du matériel entier qu'il doit posséder.

Quant aux trois autres régiments (1ᵉʳ et 9ᵉ dragons, 7ᵉ cuirassiers), j'ai fait tous les efforts possibles pour leur faire distribuer les effets qui leur manquent ; je me suis adressé à Metz, Nancy et Toul. A Metz, j'ai pu faire toucher une partie importante de ces effets ; j'ai, en conséquence, autorisé d'urgence ce régiment à faire confec-

---

(1) 7ᵉ et 8ᵉ batteries du 20 régiment à cheval.

tionner sur place les cordes et piquets d'attache qui leur
étaient indispensables.

J'adresse ci-joint à Votre Excellence, un état général
de tout le matériel qui leur manque encore, en vous
priant de vouloir bien faire prendre des dispositions
pour qu'il nous soit délivré le plus tôt possible.

J'insisterai particulièrement sur le prompt envoi des
marmites, bidons, gamelles et tentes-abris.

M. le maréchal Bazaine, commandant le 3e corps, à
qui je m'étais adressé pour obtenir les voitures réglementaires destinées au transport des bagages des officiers généraux et des officiers de corps de troupe, m'a
fait connaître qu'il n'avait aucun moyen de transport à
mettre à la disposition de ma division, et que je devais,
à ce sujet, m'adresser à Votre Excellence.

Je vous prie donc de vouloir bien m'informer si je
puis compter sur le nombre complet de voitures qui nous
sont nécessaires, ou si l'on ne pourra nous délivrer qu'un
certain nombre de ces voitures...

Aucune cantine de cuisine pour les officiers n'ayant pu
être accordée, les officiers des régiments se sont immédiatement procuré tout le matériel qui leur est nécessaire
à cet effet, mais ils n'ont pas de voitures pour le transporter.

J'apprends à l'instant que les mandats sur la poste,
envoyés aux hommes de ma division, ne peuvent être
touchés à Pont-à-Mousson, faute d'argent.

## a) Situations et emplacements.

### DIVISION DE BONNEMAINS.

*Situation sommaire d'effectif au 29 juillet.*

| CORPS ET EMPLACEMENTS. | OFFICIERS. | SOUS-OFFICIERS et soldats. | TOTAUX. | CHEVAUX. | OBSERVATIONS. |
|---|---|---|---|---|---|
| 2e division (à Lunéville). 1re brigade. 1er régiment de cuirassiers... | 39 | 532 | 571 | 509 | |
| 4e régiment de cuirassiers... | 36 | 487 | 523 | 470 | |
| 2e brigade. 2e régiment de cuirassiers... | 40 | 531 | 571 | 501 | |
| 3e régiment de cuirassiers .. | 40 | 540 | 580 | 522 | |
| Détachement du 1er régiment du train des équipages (2e compagnie)................. | 5 | 231 | 236 | 41 | et 179 mulets. |
| Artillerie................................. | » | » | » | » | 4 batteries sont annoncées, non encore arrivées. (Dans la 1re division, le général du Barail, commandant cette division, est seul arrivé à Lunéville.) |
| TOTAUX............... | 160 | 2,321 | 2,481 | 2,043 | |

*Le général de Bonnemains au Major général, à Metz.*
**(D. T.).**

Lunéville, 29 juillet, 8 h. 6, matin (n° 2351). Expédiée à 9 h. 10, matin.

Lunéville, 2e *division de réserve :*

| 1er régiment de cuirassiers. | 428 chevaux. | 468 hommes. | |
|---|---|---|---|
| 2e — | 420 — | 460 — | (2) |
| 3e — | 431 — | 471 — | (2) |
| 4e — | 424 — | 464 — | (2) |

Pas d'artillerie (1).

---

(1) La 7e batterie (capitaine commandant Raffron de Val) et la 8e (capitaine commandant Gonnaud), du 19e régiment, armées respectivement de canons de 4 et de canons à balles, sont désignées pour faire partie de la 2e division de réserve de cavalerie. Parties de Valence les 28 et 29 juillet, par les voies ferrées, elles arriveront le 30 à Lunéville.

(2) Chiffres portés en marge de la dépêche.

2ᵉ compagnie du train des équipages : 231 homme
   41 chevaux, 179 mulets.
1ʳᵉ *division de réserve* : Personne encore arrivé (1).

### DIVISION DE FORTON.
*Situation de la division à la date du 29 juillet.*

| CORPS. | OFFICIERS. | | TROUPE. | | EMPLACEMENTS. |
|---|---|---|---|---|---|
| | OFFICIERS. | CHEVAUX. | HOMMES. | CHEVAUX. | |
| 1ᵉʳ rég. de dragons. | 41 | 57 | 532 | 445 | Pont-à-Mousson. |
| 9ᵉ      id. | 39 | 83 | 532 | 431 | Id. |
| 7ᵉ rég. de cuirassiers. | 39 | 81 | 517 | 431 | Id. |
| 10ᵉ      id. | 39 | 80 | 499 | 428 | Le régiment arrive ce matin à Pont-à-Mousson (les chiffres proviennent de renseignements reçus hier). |
| TOTAUX....... | 158 | 331 | 2,080 | 1,735 | |

*Le général de Forton au Major général, à Metz* (D. T.).

Pont-à-Mousson, 29 juillet, 11 h. 15, matin (nᵒ 2371). Expédiée à 12 h. 30.

Les 4 régiments arrivés à Pont-à-Mousson. Effectif total : 158 officiers, 2,080 sous-officiers et troupe. Total : 2,238 *hommes* — 2,066 chevaux.

---

(1) A la date du 29 juillet, l'emplacement des corps de la division du Barail est le suivant :

Le 1ᵉʳ régiment de chasseurs d'Afrique débarque à Toulon et en repart le soir même, par les voies ferrées, pour Lunéville, où il arrivera le 1ᵉʳ août.

Le 2ᵉ régiment, embarqué à Mers-el-Kébir le 27 juillet, se trouve encore en mer; il arrivera à Lunéville le 4 août.

Le 3ᵉ régiment est divisé en deux portions : le 6ᵉ escadron et la plus grande partie de l'état-major, embarqués à Stora le 26 juillet, pourront seuls rejoindre à Lunéville; les trois autres escadrons (1ᵉʳ, 2ᵒ et 3ᵉ) s'embarqueront à Stora le 3 août et ne rejoindront la division du Barail qu'à Saint-Mihiel, le 9 août.

Le 4ᵉ régiment ne partira de Mers-el-Kébir que les 6 et 7 août; dirigé d'abord sur Metz, il ne pourra y parvenir et fera partie de l'armée de Châlons.

Quant aux 5ᵉ et 6ᵉ batteries du 19ᵉ régiment (capitaines commandants Jaubert et Bédarrides), parties de Valence les 28 et 29 juillet, elles rejoindront la division à Lunéville, le 31 juillet.

# Journée du 29 juillet.

## ARTILLERIE DE L'ARMÉE.

### a) Journal de marche.

**JOURNAL DU GÉNÉRAL SOLEILLE.**

Par décision impériale du 17 juillet, le général de division Soleille fut nommé au commandement de l'artillerie de l'armée du Rhin.

### 24 *juillet.*

Le général quitta Paris, le 24 juillet, avec le maréchal Le Bœuf, major général de l'armée, pour se rendre à Metz, où devait s'établir le grand quartier impérial.

### 25 *juillet.*

Peu d'heures après son arrivée, le général repartit avec le major général pour se rendre, d'abord à Saint-Avold, où se trouvait le quartier général du 2ᵉ corps; puis, à Sarreguemines, où se trouvait le quartier général du 5ᵉ corps.

Les officiers composant l'état-major général de l'artillerie suivirent le général à vingt-quatre heures de distance; ils arrivèrent à Metz le 26 juillet au matin.

### 26 *juillet.*

L'artillerie de la garde, commandée par le général Pé-de-Arros, était répartie de la manière suivante :

3 batteries montées à la division de grenadiers;
3 batteries montées à la division de voltigeurs;

2 batteries à cheval à la division de cavalerie ;

4 batteries à cheval formant, sous les ordres du colonel Clappier, la réserve d'artillerie.

Le colonel de Vassoigne était directeur du parc.

Le général de division Forgeot commandait l'artillerie du 1er corps ; il avait sous ses ordres le général de brigade Joly-Frigola, de qui relevaient la réserve et le parc. La réserve, composée de 8 batteries, dont 4 à cheval, était commandée par le colonel de Vassart ; le parc, par le colonel Petitpied. Les 20 batteries du 1er corps étaient fournies par les 6e, 9e, 12e et 20e régiments.

Le général de brigade Gagneur commandait l'artillerie du 2e corps ; il avait sous ses ordres une réserve de 6 batteries, commandées par le colonel Brady. Les 15 batteries du 2e corps étaient fournies par les 5e, 15e et 17e régiments.

Le général de division de Rochebouët commandait l'artillerie du 3e corps ; le général de Berckheim commandait la réserve et le parc, ayant sous ses ordres, comme chef de la réserve, le colonel de Bar. Les 20 batteries du 3e corps étaient fournies par les 4e, 11e et 17e régiments.

Le général de brigade Laffaille commandait l'artillerie du 4e corps ; la réserve était sous les ordres du colonel Soleille ; le parc, sous les ordres du colonel Luxer. Les 15 batteries du 4e corps étaient fournies par les 1er, 8e, 15e et 17e régiments.

Le général de brigade Liédot commandait l'artillerie du 5e corps ; le colonel de Fénelon, la réserve ; le colonel Gobert dirigeait le parc. Les 15 batteries de ce corps étaient fournies par les 2e, 6e, 10e, 14e et 20e régiments.

Le général de division Labastie commandait l'artillerie du 6e corps. Le général de brigade Bertrand avait sous ses ordres la réserve et le parc. La réserve était commandée par le colonel Desprels; le parc par le colonel Chatillon. Les 20 batteries du 6e corps étaient fournies par les 8e, 10e, 14e et 19e régiments.

Le général de brigade de Liégeard commandait l'artillerie du 7e corps, ayant sous ses ordres : à la réserve, le colonel Aubac; au parc, le colonel Hennet (A.-L.). Les 15 batteries du 7e corps étaient fournies par les 6e, 7e, 12e et 19e régiments.

Comme disposition générale, trois batteries étaient affectées à chaque division d'infanterie (1 de canons à balles, 2 de canons de 4 rayé de campagne).

(Au 6e corps, la 2e division seule avait une batterie de canons à balles; les 1re, 3e et 4e divisions avaient 3 batteries de 4).

Chaque réserve de corps d'armée était composée de :

2 batteries montées de 12 rayé de campagne;
2 batteries montées de 4 rayé de campagne;
2 ou 4 batteries à cheval de 4 rayé de campagne.

La réserve du 6e corps n'avait que 2 batteries à cheval de 4; en revanche, elle avait 4 batteries montées du même calibre au lieu de 2.

L'artillerie de chaque division d'infanterie était commandée par un lieutenant-colonel, ayant sous ses ordres un chef d'escadron.

Dans les réserves qui comptaient 8 batteries, chaque subdivision de 4 batteries était commandée par un lieutenant-colonel.

La cavalerie des corps d'armée (la Garde exceptée) n'avait pas d'artillerie propre : on devait, suivant les besoins, lui adjoindre, temporairement, une ou plusieurs batteries à cheval de la réserve du corps d'armée. Cette disposition ne s'étendait pas aux divisions de réserve de cavalerie qui étaient appelées à jouer un rôle indépendant et qui, pour cet objet, étaient pourvues de batteries spéciales (2 par division).

L'artillerie des 3 divisions de réserve de cavalerie avait pour commandants :

La 1re division (général du Barail), le chef d'escadron Loyer, du 19e régiment ;

La 2e division (général de Bonnemains), le chef d'escadron Astier, du 19e régiment ;

La 3e division (général de Forton), le chef d'escadron Clerc, du 20e régiment.

La réserve générale d'artillerie, placée sous les ordres du général de division Canu, était formée de 8 batteries montées de 12 rayé de campagne, du 13e régiment, et de 8 batteries à cheval de 4 rayé de campagne, du 18e régiment, commandées par les colonels Salvador et Toussaint.

Le colonel Hennet (Paul) était directeur du parc.

Le général de brigade Mitrécé était directeur général des parcs ; il avait, dans ses attributions, le service des ponts de réserve. Néanmoins, les colonels Fiévet et Marion étaient spécialement attachés aux 1er et 3e corps en qualité de directeurs du service des ponts, et les équipages de réserve de Strasbourg et de Toul devaient être mis à leur disposition.

Un équipage de pont de corps d'armée, modèle 1866, faisait partie du parc de chaque corps (le 6e corps excepté). Ces équipages furent fournis :

Au 1er corps, par Auxonne ;

Au 2e corps, par Strasbourg ;

Au 3e corps, par Metz ;

Au 4e corps, par Douai ;

Au 5e corps, par Arras ;

Au 7e corps, par Auxonne.

L'organisation des parcs avait occupé, dès le premier jour, l'attention du Ministre de la guerre. Par une série de dépêches, en date des 21, 22, 25 et 29 juillet (nos 7, 8, 10, 11, 13, 14, 22), le Ministre faisait connaître au général commandant l'artillerie de l'armée les ordres donnés pour la constitution et la concentration des parcs des divers corps et du grand parc de campagne.

D'après les dispositions arrêtées par le Ministre, le matériel du parc de l'artillerie de la Garde fut constitué à Bourges et concentré à Versailles;

Celui du parc du 1er corps fut constitué et concentré à Besançon;

Celui du parc du 2e corps fut constitué à Strasbourg et concentré à Lunéville;

Celui du parc du 3e corps fut constitué et concentré à Metz;

Celui du parc du 4e corps fut constitué à Douai et concentré à Verdun;

Celui du parc du 5e corps fut constitué à Lyon et concentré à Épinal;

Celui du parc du 6e corps fut constitué et concentré à la Fère;

Celui du parc du 7e corps fut constitué à Rennes et concentré à Vesoul;

Celui du parc de la réserve générale fut constitué à Toulouse. Nancy fut indiqué, ultérieurement, comme lieu de concentration.

La constitution du grand parc fut réglée dès le 25 juillet; il dut se composer de huit fractions à très peu près égales entre elles, fournies par huit directions différentes : Metz, Strasbourg, Rennes, la Fère, Besançon, Douai, Lyon et Toulouse. La place de Toul fut désignée comme point de concentration.

Les batteries furent envoyées à l'armée avec le matériel des batteries de combat. Les réserves divisionnaires destinées à les compléter furent comprises dans l'organisation des parcs de chaque corps. Les parcs les fournirent aux divisions dès que leur concentration fut effectuée.

## 27 *juillet.*

Le premier soin du général commandant l'artillerie de l'armée fut de se mettre en rapport avec les généraux commandant l'artillerie des 7 corps d'armée, de la garde impériale et de la réserve générale d'artillerie.

Préoccupé des difficultés que devaient éprouver les régiments du train d'artillerie de Saint-Omer et d'Auxonne (1), pour fournir les énormes ressources qui leur étaient demandées, le général pria le Ministre de la guerre de donner des ordres pour activer, dans la mesure du possible, la concentration du personnel et des attelages attachés aux parcs.

Tout le personnel des officiers et employés de l'artillerie était réparti dans les corps de l'armée active ; il fallait, néanmoins, pourvoir aux besoins des deux grandes places de Metz et de Strasbourg.

En cas d'offensive, ces places devaient assurer le ravitaillement de l'armée. Si l'ennemi pénétrait sur notre territoire, elles étaient destinées à être attaquées, et l'on devait les mettre en état d'opposer une résistance énergique.

Le général soumit au major général (lettre n° 7) des propositions pour organiser d'une manière indépendante, les services de l'artillerie à Metz et à Strasbourg, au moyen des batteries de la garde nationale mobile et par un appel fait au dévouement et au patriotisme des anciens militaires ayant servi dans l'arme. En même

---

(1) Il n'existait dans l'armée française que 2 régiments du train d'artillerie ; le 1er régiment à Saint-Omer, le 2e à Auxonne. Ces corps étaient à 16 compagnies. Le 1er régiment détachait 1 compagnie à Alger, 1 au camp de Châlons et 5 à Aire ; le 2e détachait 1 compagnie à Strasbourg et 1 à Constantine.

temps, l'ordre fut donné d'armer les forts et l'enceinte de Metz; la même mesure fut prescrite pour la place de Strasbourg.

C'est à Strasbourg que devaient être concentrées toutes les ressources disponibles pour effectuer, le moment venu, le passage du Rhin. Le général commandant l'artillerie de l'armée prescrivit au général Forgeot (lettre n° 35) d'organiser en équipages le matériel de manœuvres du régiment de pontonniers, de visiter et compléter, au besoin, le matériel de réserve; de remettre en état les bacs, trailles et ponts volants existant à Strasbourg et dans les environs; d'augmenter les ressources en matériel pour pont permanent, de manière à porter à 500 mètres les 300 mètres de ponts provenant de la réunion du matériel des ponts de Huningue, Neuf-Brisach et Kehl, afin d'être en mesure de construire un premier pont à Kehl et un second sur un autre point du fleuve. Ce précieux matériel fut remisé dans le canal du Rhône au Rhin, près de Rheinau, à trois kilomètres de la frontière : le général commandant l'artillerie du 1er corps dut pourvoir à sa sécurité et le placer, au besoin, sous la protection d'une des deux places voisines (Schlestadt et Strasbourg).

Enfin, pour compléter ces mesures, le général commandant l'artillerie de l'armée demanda au Ministre de la guerre de faire diriger sur Strasbourg 40 haquets ancien modèle existant à Lyon et des ancres de la marine, du poids de 150 à 200 kilogrammes.


### 29 *juillet.*

Malgré toute la diligence qu'on y apportait, les concentrations des parcs n'étaient pas encore terminées; le matériel était prêt, les conducteurs faisaient défaut, ainsi que les attelages. Cette situation fâcheuse provoqua, de la part du général Forgeot, de vives réclamations (lettre n° 59) (1). Cependant, le corps Mac-Mahon n'était pas plus mal traité que les autres ; partout, la difficulté était la même, et l'administration centrale faisait connaître (lettre n° 85) qu'elle ne pouvait pas répondre aux demandes instantes qui lui étaient directement adressées.

Le général Mitrécé, arrivé à Toul le 29 juillet, ne trouvait, dans cette place où devait se concentrer le grand parc, que le matériel du 1er équipage de pont de réserve et 2 compagnies de pontonniers.

A la même date, le colonel Belu, directeur à Strasbourg (2), rendait compte (lettre n° 91) qu'il lui man-

---

(1) Voir page 31.

(2) *Le colonel directeur de l'artillerie à Strasbourg, au général Soleille, à Metz.*

Strasbourg, 29 juillet (n° 91).

Je n'ai reçu qu'hier soir, à 10 heures, les lettres 6 et 10, du 26 et du 27 juillet, que vous m'avez fait l'honneur de m'écrire. Je ne puis répondre que sommairement à la première lettre, mais j'enverrai plus tard l'état demandé. Le Ministre me demande d'urgence un même état, dont il m'envoie le modèle ; il est long et difficile à établir par suite des nombreuses sorties journalières.

Je suis chargé d'organiser la fraction 2 *bis* du grand parc de campagne de l'armée du Rhin ; 3,500,000 cartouches (mod. 1866) me manquent pour le compléter et 7,664 fusées de 25$^{mm}$ ; 30 et quelques voitures sont prêtes.

Le premier équipage de siège doit aussi être formé à Strasbourg ; j'ai reçu avis de l'expédition de 265 bouches à feu de gros calibre et de 300 affûts ; avec la dotation de l'École, je pourrai sans doute le compléter quand j'aurai sa composition.

Ces parcs organisés, à moins d'envois considérables de l'intérieur, on ne peut compter sur beaucoup de ressources à tirer de l'arsenal de Strasbourg, pour une armée en campagne, surtout en fait de munitions. Je n'ai, en fait de harnachement, que de quoi garnir les mulets d'une batterie de C. 4, R de montagne. J'attends 372 harnais de Toulouse, sans doute pour les batteries du 5e, qui passent batteries montées.

J'ai livré, depuis huit jours, 11 batteries de campagne (dont 1 de montagne), 2 réserves divisionnaires, 1 parc de campagne de 151 voitures, 1 équipage de pont modèle 1866. Je complète l'équipage de pont de réserve, qui sera monté sur roues dans deux ou trois jours. Enfin, j'ai expédié ou encaissé 20,000 fusils modèle 1866, sans compter bien

quait, pour organiser la fraction 2 *bis* du grand parc, 3,500,000 cartouches (modèle 1866) et 7,664 fusées de 25 millimètres. Le colonel Delu ajoutait que les parcs une fois organisés, à moins d'envois considérables de l'intérieur, on ne pourrait tirer de l'arsenal de Strasbourg que des ressources fort minimes pour l'armée de campagne. L'armement de Strasbourg était presque terminé ; il en était de même à Belfort. Neuf-Brisach. Schlestadt, la Petite-Pierre, le Lichtenberg avaient leur armement de sûreté ; mais, dans toutes ces places, on manquait absolument d'officiers, d'artilleurs et de chevaux.

Malgré les ordres réitérés du Ministre de la guerre, les troupes d'infanterie étaient parties pour la frontière

---

d'autres armes délivrées. Nos salles d'armes ne renferment presque rien en fusils modèle 1866 et 1867 et en mousquetons d'artillerie.

En réponse à la lettre n° 10, je puis vous annoncer que l'armement de défense de Strasbourg est presque terminé, excepté sur les Fronts-Sud, du côté de l'inondation. En cas de siège, il y aurait 72 pièces à à blinder ; les magasins dans les traverses sont remplis de munitions et les magasins de siège, de poudres ; les armements sont près des pièces ; dans quelques jours, je n'aurai plus ni officiers ni canonniers pour les servir.

L'armement de défense de Belfort est avancé, mais il ne faut pas compter sur les pièces qui composent son armement ; pour les utiliser ailleurs, un temps énorme serait employé pour le désarmement de cette place et de ses forts. Comme à Strasbourg, pas d'officiers, pas d'artilleurs et, de plus, pas de chevaux.

Les places de Neuf-Brisach et Schlestadt ont leur armement de sûreté, aucune ressource en hommes et en chevaux pour travailler à leur armement de défense. A Schlestadt, on ne peut rien laisser sur les remparts en fait d'armements ; faute de factionnaires, tout serait volé ou dégradé.

Les approvisionnements dans toutes ces places (moins les poudres) ne vont pas à la moitié de l'approvisionnement normal. La Petite-Pierre et Lichtenberg ont leur armement et des munitions ; j'ai obtenu, non sans peine, pour chacun de ces forts, un détachement de 1 sous-officier et 4 canonniers-servants.

Je n'ai de sacs à terre qu'à Strasbourg, 155,206. Quant aux forges, j'en délivre tous les jours à la cavalerie, du modèle 1827. Le chiffre exact de celles qui restent vous sera donné sur l'état demandé.

sans être pourvues des rechanges du fusil modèle 1866 (obturateurs, aiguilles, têtes mobiles). Les dépôts des corps avaient négligé d'en donner aux hommes de la réserve qui rejoignaient les bataillons de guerre.

Au 5ᵉ corps, les hommes arrivaient à l'armée sans cartouches, et le général Liédot rendait compte qu'il était obligé d'en prélever 40,000 sur l'approvisionnement de Bitche.

### b) Organisation et administration.

*Ministère de la guerre. — 4ᵉ direction. — Note pour la 1ʳᵉ direction* (Correspondance générale).

Paris, 29 juillet

On a l'honneur de prier la 1ʳᵉ direction de donner les ordres nécessaires pour que :

1° La 3ᵉ compagnie de pontonniers, qui est à Auxonne, soit dirigée sur Besançon, à destination du parc d'artillerie du 1ᵉʳ corps d'armée. Cette compagnie voyagera avec le matériel de l'équipage de pont de corps d'armée qui est à Auxonne ;

2° La 7ᵉ compagnie de pontonniers, qui est à Auxonne, soit dirigée sur Vesoul, à destination du parc d'artillerie du 7ᵉ corps. Cette compagnie voyagera avec le matériel de l'équipage de pont de corps d'armée qui est à Auxonne ;

3° La 8ᵉ compagnie de pontonniers, qui est à Douai, soit dirigée sur Verdun, à destination du parc d'artillerie du 4ᵉ corps. Cette compagnie voyagera avec le matériel de l'équipage de pont de corps d'armée qui est à Douai ;

4° La 5ᵉ compagnie de pontonniers, qui est à Arras, soit dirigée sur Épinal, à destination du parc d'artillerie du 5ᵉ corps. Cette compagnie voyagera avec le matériel de l'équipage de pont de corps d'armée qui est à Arras.

*Le Ministre de la guerre au Major général, à Metz.*

Paris, 99 juillet

J'ai l'honneur d'informer Votre Excellence :

— 1° Que l'équipage de pont du 2ᵉ corps de l'armée du Rhin, matériel et personnel, est prêt, à Strasbourg, et peut rejoindre le parc d'artillerie du corps, à Lunéville. J'en ai, par dépêche de ce jour, informé M. le général commandant l'artillerie du dit corps, en l'invitant à prendre vos ordres ;

— 2° Que des ordres sont donnés, à la date de ce jour, pour que :

1° Le matériel de l'équipage de pont du 1ᵉʳ corps d'armée, actuellement à Auxonne, rejoigne le parc de ce corps à Besançon, avec la 3ᵉ compagnie de pontonniers, qui y est attachée ;

2° Le matériel de l'équipage de pont du 4ᵉ corps d'armée, actuellement à Douai, rejoigne le parc de ce corps à Verdun, avec la 8ᵉ compagnie de pontonniers, qui y est attachée ;

3° Le matériel de l'équipage de pont du 5ᵉ corps d'armée, actuellement à Arras, rejoigne le parc de ce corps à Épinal, avec la 5ᵉ compagnie de pontonniers, qui y est attachée ;

4° Le matériel de l'équipage de pont du 7ᵉ corps d'armée, actuellement à Auxonne, rejoigne le parc de ce corps à Vesoul, avec la 7ᵉ compagnie de pontonniers, qui y est attachée.

Les équipages des 1ᵉʳ, 4ᵉ, 5ᵉ, 7ᵉ corps d'armée seront ainsi, avec le parc, à la disposition des généraux commandant l'artillerie de ces corps et pourraient être attelés chacun, respectivement, à défaut des compagnies des 1ᵉʳ et 2ᵉ régiments du train d'artillerie qui doivent leur être affectées, avec les chevaux du train déjà réunis au parc de chacun de ces quatre corps.

— 3° Que le matériel de l'équipage de pont du 3ᵉ corps

d'armée et la 4ᵉ compagnie de pontonniers, qui doit servir cet équipage, sont prêts, à Metz.

Cet équipage se trouve ainsi, avec le parc, à la disposition du général commandant l'artillerie du corps, et pourrait être attelé, à défaut de la 6ᵉ compagnie du 1ᵉʳ régiment du train d'artillerie qui doit lui être affectée, avec les chevaux du train déjà réunis au parc du corps.

MM. les généraux commandant l'artillerie des 1ᵉʳ, 3ᵉ, 4ᵉ, 5ᵉ et 7ᵉ corps d'armée sont informés, par dépêche de ce jour, de ces dispositions.

*Le général Soleille au général Canu, commandant la réserve générale d'artillerie, à Nancy.*

Metz, 29 juillet (nº 16).

Le major général m'informe que les 5ᵉ, 6ᵉ, 7ᵉ, 8ᵉ, 9ᵉ, 10ᵉ, 11ᵉ et 12ᵉ batteries du 13ᵉ régiment d'artillerie arriveront à Nancy, par les voies ferrées, aujourd'hui 29 juillet courant, et que 6 batteries du 18ᵉ y arriveront le 30.

Ces batteries étant destinées à la réserve générale de l'armée du Rhin, j'ai l'honneur de porter à votre connaissance leur arrivée à Nancy aux dates susmentionnées.

*Le Major général au général Soleille, à Metz.*

Metz, 29 juillet (nº 22).

J'ai l'honneur de vous informer que les troupes d'artillerie qui sont destinées au grand parc de campagne reçoivent l'ordre de se rendre à Toul, où elles arriveront par les voies ferrées, savoir :

1ʳᵉ batterie principale du 10ᵉ d'artillerie, le 30 juillet ;
2ᵉ     —     —     du 7ᵉ     —     le 30 juillet ;
Détachement de la 8ᵉ compagnie d'ouvriers d'artillerie, le 31 juillet (2 officiers, 67 hommes) ;
Détachement de la 2ᵉ compagnie d'ouvriers d'artillerie, le 31 juillet (2 officiers, 67 hommes) ;
Détachement de la 4ᵉ compagnie d'artificiers, le 30 juillet (1 officier, 34 hommes).

*Le général Mitrécé, directeur général des parcs et des*
*équipages d'artillerie, au général Soleille, à Metz.*

Toul, 29 juillet.

J'ai l'honneur de vous faire connaître que, conformément aux ordres du Ministre, je viens d'arriver à Toul, où
commence à se concentrer le grand parc de campagne
de l'armée du Rhin.

Jusqu'à présent, je n'y ai trouvé que le matériel du
1ᵉʳ équipage de pont de réserve, avec les 10ᵉ et 12ᵉ compagnies du régiment de pontonniers, sous les ordres de
M. le chef d'escadron Carré, lesquelles sont destinées à
servir cet équipage.

Vous avez sans doute reçu, mon Général, les tableaux
lithographiés indiquant la composition générale du grand
parc, et sa décomposition en 8 fractions, fournies chacune par l'un des 8 arsenaux de construction. Je vais
entrer en correspondance avec les directeurs de ces éta-
blissements, afin d'être tenu au courant de la situation
des diverses fractions et d'être en mesure de les faire
diriger, en totalité ou partiellement, soit sur Toul; soit
sur tout autre point que vous voudrez bien me désigner.

Je vous prie, mon Général, de vouloir bien me faire
parvenir un tableau des situations, états et rapports
périodiques que j'aurai à vous adresser, avec un modèle
de chacun d'eux et l'indication des dates d'envoi.


*Le colonel de Girels, commandant l'artillerie de la*
*5ᵉ division militaire, au général Soleille.*

Metz, 29 juillet.

Par dépêche du 28 juillet, M. le général commandant
la 5ᵉ division militaire m'a informé que l'organisation de
la garde mobile comprendrait :

| 7 batteries d'artillerie | à Metz, |
| 2 — — | à Thionville, |
| 2 — — | à Verdun, |
| 1 — — | à Montmédy, |
| 4 — — | à Toul. |

Je demande :

1° Que les 4 batteries de Metz soient installées dans les forts (une dans chacun) et que les 3 autres soient affectées à la place ;

2° Qu'une des batteries de Thionville soit affectée à Longwy ;

3° Que les 4 de Toul soient réparties entre Toul, Phalsbourg, Marsal et Bitche (une dans chaque place).

Le train auxiliaire, dont j'ai eu l'honneur de vous envoyer l'état, sera augmenté selon les besoins. Il sera, d'ailleurs, puissamment secondé par la voie ferrée que je fais construire, entre l'arsenal et la gare, par la compagnie de l'Est, et par le canal d'embarquement que je fais également construire (par le service de la navigation de la Moselle), pour mettre l'arsenal en communication avec les rampes à rails qui montent à Saint-Julien et Plappeville.

Pour compléter mon personnel, j'aurais besoin

1° D'un chef d'escadron (ou capitaine) dans chacun des forts de Metz ;

2° D'un capitaine dans chacune des places de Montmédy, Phalsbourg, Marsal et Bitche.

Je vois, par le courrier d'aujourd'hui, que le Ministre m'envoie des gardes ; j'aurai l'honneur de vous écrire, au sujet des employés, une autre lettre pour ne pas retarder celle-ci.

*Le général Soleille au général commandant la 5ᵉ division militaire, à Metz.*

29 juillet (nᵒ 19).

Le major général me charge de vous faire connaître que l'Empereur a approuvé ce matin l'organisation du service de l'artillerie dans la place de Metz et les autres places de la Direction au moyen des ressources suivantes :

1° Les batteries de la garde mobile ;

2° Un personnel d'anciens officiers et sous-officiers d'artillerie qui rempliraient les fonctions de commandants de l'artillerie dans les forts, de gardes d'artillerie et de gardiens de batterie. On ferait appel à la bonne volonté de ces officiers et sous-officiers auxquels on allouerait, pendant la durée de leur service, la solde d'activité dans laquelle serait comprise la pension de retraite ;

3° Un train auxiliaire spécialement affecté au service des places, et particulièrement à la place de Metz.

Il importerait que les batteries de la garde mobile fussent mises à la disposition du colonel directeur de l'artillerie, aussitôt après leur réunion qui doit avoir lieu le 2 août prochain, et que les anciens officiers et sous-officiers entrassent en fonctions le plus tôt possible. Le colonel directeur aurait besoin, pour compléter son personnel, de 8 chefs d'escadron ou capitaines ; le nombre des employés ou gardes sera ultérieurement indiqué.

Quant au train auxiliaire, il serait, pour le moment, composé des voituriers désignés dans l'état (1) ci-joint, et qui devraient être dès aujourd'hui réservés pour les besoins de l'artillerie de la place, et par conséquent exempts de toute autre réquisition.

*Le général Soleille au général Forgeot, à Strasbourg*

29 juillet (n° 20).

Le service si important de l'artillerie dans les places frontières de la Lorraine et de l'Alsace se trouve désor-

_____

(1) L'état comprend les noms de 10 voituriers, habitants de Metz ou des villages environnants, devant fournir ensemble 52 chevaux.

ganisé, par le départ pour l'armée des officiers et des employés d'artillerie de ces places.

L'Empereur a pensé qu'il était indispensable de pourvoir, d'une manière permanente, aux besoins de ce service, au moyen des ressources qu'offre l'artillerie de la garde mobile et de celles que l'on pourrait créer en faisant appel aux anciens militaires ayant servi dans l'artillerie. On confierait à ces derniers les emplois de commandant d'artillerie, de gardes et de gardiens de batterie, en leur accordant une indemnité correspondant aux fonctions qu'ils remplissent. Le major général a, par décision du 28 juillet courant, arrêté que cette indemnité serait la solde d'activité, dans laquelle se confondrait la pension de retraite.

J'ai l'honneur, en conséquence, de vous inviter à vous entendre avec le général commandant la 6e division territoriale, à qui j'écris à ce sujet :

1o Pour que les batteries de la garde mobile soient mises, dès le 2 août, jour de leur convocation, en nombre suffisant, à la disposition du directeur d'artillerie à Strasbourg, pour l'armement de la place de Strasbourg et des autres places de la Direction ;

2o Pour qu'un appel soit fait, dans la division militaire, aux anciens officiers et sous-officiers d'artillerie ;

3o Pour qu'un train auxiliaire soit affecté uniquement aux mouvements et aux travaux d'armement de la place et soit, par conséquent, exempt de toute autre réquisition ; il serait composé conformément aux demandes du directeur d'artillerie.

Ces mesures sont déjà prises dans la direction de Metz ; je ne doute pas que vous ne trouviez dans celle de Strasbourg les moyens qui permettent d'organiser le service de la défense de ces places, d'après les bases qui viennent d'être indiquées.

# RENSEIGNEMENTS

## GRAND QUARTIER GÉNÉRAL, A METZ.

**BULLETIN DE RENSEIGNEMENTS.**

29 juillet.

10,000 hommes de troupes prussiennes sont signalés comme étant passés le 28 à Trèves, venant de Coblentz et marchant vers Sarrebrück; les officiers annonçaient qu'ils allaient prendre l'offensive.

D'après un autre renseignement, le 7e régiment de hussards a dû entrer à Trèves le 27, venant de Bonn; enfin, deux régiments prussiens seraient arrivés dans la matinée du même jour à Merzig.

Ces indications, rapprochées du bruit d'après lequel le transport des troupes par voies ferrées, des places du Rhin sur la Sarre, serait très actif depuis le 26, semblent annoncer que la situation est en voie de se modifier assez rapidement sur les rives de la Sarre.

Un rapport annonce également que le roi de Prusse devait arriver aujourd'hui 29, à Coblentz. Le prince Frédéric-Charles serait à Kreutznach.

Dans l'Allemagne du Sud, on affirme que la plupart des troupes bavaroises seraient dirigées sur Würtzbourg et Aschaffenbourg.

La division badoise est toujours presque en entier, et sauf sa cavalerie, à Rastadt, où seraient également arrivés quatre régiments d'infanterie prussienne (parmi lesquels les 32e, 34e et 37e), ainsi que des pionniers de la même nation.

Les Wurtembergeois seraient en arrière de la Forêt-Noire, leur cavalerie occupant la tête des débouchés de

cette région, et se reliant par sa droite aux troupes badoises, vers Oos (1).                               JARRAS.

---

(1) Il est peut-être intéressant de donner ici comme contre-partie
le *Résumé des renseignements les plus dignes de foi parvenus du 27 au
29 juillet, au sujet de la formation et des emplacements de l'armée
française*, tel qu'il se trouve dans la « Correspondance militaire du maréchal de Moltke (p. 223) :

— « 1er *corps, Mac-Mahon*. Chef d'état-major : général Colson.

« 2 divisions à Strasbourg.

« 2 divisions près de Strasbourg, le long de la voie ferrée allant à
    Brumath.

« Le 1er corps doit avoir 19 batteries, soit, en dehors des 12 batteries
divisionnaires et de la batterie à cheval de la division de cavalerie,
4 batteries de 12 et 2 batteries de 4 comme artillerie de corps.

« *Strasbourg* est complètement armé; des mitrailleuses sur affût de
campagne y auraient été employées, paraît-il.

— « 2e *corps, Frossard*. Chef d'état-major : général Saget.

« Quartier général, Saint-Avold.

« La *division Bataille* est à Forbach, en face de nos avant-postes.

« D'après plusieurs renseignements, on a fait ou doit faire des travaux de fortification à Morsbach.

— « 3e *corps, Bazaine*. Chef d'état-major : Manique (*Sic*).

« Le mouvement de ce corps, de Metz sur Boulay, à la date du
22 juillet, est confirmé.

« La 3e *division* (précédemment sous les ordres de Lebrun) doit être
commandée par le général Lorencez.

— « 4e *corps, Ladmirault*. Chef d'état-major : général Desaint de
Marthille.

« Ce corps *doit* actuellement être réuni près de Thionville.

« L'avant-garde à Sierck semble comprendre le 20e bataillon de
chasseurs, les 13e et 33e régiments d'infanterie et le 11e régiment de
chasseurs à cheval.

« Deux des divisions de ce corps doivent être commandées par les
généraux de Cissey et Pajol.

— « 5e *corps, de Failly*. Chef d'état-major : général Bisson.

« Quartier général, Bitche.

« Ce corps est plusieurs fois indiqué comme à 4 divisions. On ne
sait rien de précis à ce sujet.

— « 6e *corps, Canrobert*. Chef d'état-major : général Henry.

« Doit être encore à Châlons.

« On n'a encore aucun détail au sujet de sa composition.

*Le Préfet de la Moselle au Major général.*

27 juillet.

J'ai l'honneur de transmettre à Votre Excellence le télégramme que j'ai reçu de. . . . . Luxembourg. D'après des nouvelles particulières du Luxembourg, on s'attend à être envahi par l'armée prussienne, dès que l'armée française entrera sur le territoire prussien.

---

— « 7ᵉ *corps, Douay.* Chef d'état-major : général **Renson**.

« Quartier général, Belfort.

« Est toujours indiqué comme en voie de formation.

« La nouvelle qu'il doit se composer de 3 divisions de cavalerie et d'une division d'infanterie se répète. On nomme, pour commander les 3 divisions de cavalerie, les généraux du Barail, de Bonnemains, de Forton.

— « *Garde, Bourbaki.* Chef d'état-major : général **Dauvergne**.

« Se trouve à Nancy.

« L'*Empereur Napoléon* s'est rendu hier à l'armée.

« Son quartier général est Nancy.

« L'armée constituée en Alsace et en Lorraine prend le nom « d'Armée du Rhin ».

« Il est encore question d'autres corps; on doit vouloir sans doute parler du corps qui se formerait pour une expédition sur mer et serait commandé par le général comte de Palikao, et du corps de réserve en formation au camp de Châlons.

« Le contact entre les troupes des deux côtés est devenu plus fréquent depuis le 29 juillet. On n'a encore aucun indice d'idée d'offensive de la part des Français.

« Un télégramme venu de Florence aujourd'hui (29 juillet) annonce l'embarquement imminent, à Civita-Vecchia, de troupes françaises à destination de la France. Elles comprennent :

« La brigade d'infanterie Guilhem;

« 6ᵉ bataillon de chasseurs ;

« 35ᵉ ⎱ régiments d'infanterie ;
« 42ᵉ ⎰

« 2 escadrons du 7ᵉ régiment de chasseurs à cheval ;

« 2 batteries du 14ᵉ régiment d'artillerie ;

« 1 compagnie de sapeurs ;

» Le tout sous les ordres du général de division Dumont. »

*Le maréchal de Mac-Mahon au Major général, à Metz.*

Strasbourg, 29 juillet (n° 36).

J'ai l'honneur de faire connaître à Votre Excellence que, conformément aux prescriptions de sa dépêche n° 4, du 20 juillet, le service des renseignements a été constitué et organisé de manière à remplir le but pour lequel il a été institué. Seulement, dans l'état actuel des choses, les divisions n'étant pas encore complètement organisées, il n'a pas encore été possible d'exiger des commandants de division, les bulletins journaliers qu'ils doivent me transmettre matin et soir.

J'adresse ci-joint à Votre Excellence une copie des renseignements qui m'ont été fournis jusqu'à ce jour, soit par le général Ducrot, soit par des particuliers qui sont venus eux-mêmes donner des renseignements à l'État-Major général.

J'aurai l'honneur de transmettre, à l'avenir, à Votre Excellence, des bulletins journaliers de renseignements, conformément aux prescriptions de sa dépêche du 27 juillet, n° 58.

*Du maréchal de Mac-Mahon.*

Strasbourg, 29 juillet (Ordre n° 13).

Les prévôts de gendarmerie, les adjudants-majors des corps de troupes, les chefs de postes, de détachements et de reconnaissances devront tous s'enquérir sans cesse des nouvelles, bruits ou indices qui pourraient intéresser l'armée. Chacun d'eux, en marche ou en station, devra résumer ses observations dans un bulletin concis, indiquant la date et l'heure, l'origine et la nature des renseignements, et le degré de certitude qu'il paraît présenter.

Ces bulletins, transmis hiérarchiquement, seront, chaque matin et chaque soir, adressés par les généraux commandant les divisions, au maréchal commandant le 1er corps.

Toute nouvelle importante sera envoyée immédiatement.

Lorsque cela sera possible, la substance des renseignements sera transmise par le télégraphe au quartier général, sans préjudice de l'envoi quotidien du bulletin de renseignements.

*Renseignement fourni le 28 à 11 h. 35, par le général Ducrot.*

L'ennemi occuperait la ligne de Wörth, Langenkandel, Winden, Bergzabern, Pirmasens, Neu-Hornbach, etc. Il y aurait à chacun de ces nœuds de route un escadron et un bataillon, soit badois, soit bavarois ; ces troupes se relieraient entre elles par de fréquentes patrouilles. Elles auraient pour consigne de ne pas franchir notre frontière et, dans le cas d'une attaque de notre part, de se replier sur Germersheim ou Landau.

Un corps qu'on évalue à 25 ou 30,000 hommes, en partie de troupes prussiennes, serait concentré entre Landau et Neustadt.

*Bulletin de renseignements du 29 au soir.*

Strasbourg, 29 juillet (n° 2).

Un officier de mon état-major, le commandant Tissier, revient de Wissembourg, où il est resté hier 28 de 10 h. 1/2 du matin à 1 heure après-midi. Depuis la veille au soir, on n'avait pas vu la moindre patrouille en deçà de notre frontière.

. . . . . De Bavière, on a pu faire connaître. . . . . que les Bavarois et Badois appuyaient à droite, le 28 au matin, vers Bitche et Sarreguemines, et qu'on attendait dans la journée les Prussiens pour occuper la frontière de Wissembourg à Lauterbourg. Ce renseignement est, d'ailleurs, en partie infirmé par les rapports arrivés hier soir et ce matin de Lauterbourg, où les Bavarois ont encore paru hier soir. Ils auraient frappé une réquisition, sans payer ; ils auraient forcé des habitants du pays à les suivre pour travailler à des ouvrages défensifs, dans la forêt du Bienwald.

On avait cru un instant, à Wissembourg, que l'ennemi occupait hier le col du Pigeonnier, entre Lembach et Wissembourg. Un habitant, venu de Lembach dans la soirée, n'y a vu personne et a constaté que personne n'y avait paru.

Les douaniers français, qui s'étaient d'abord retirés de leurs postes après les premières incursions, retournent partout.

. . . . . . . . . . . . . . . . . . . . . . . . .

Sur le Rhin, en face de Port-Louis, des douaniers badois ont tiré sur les nôtres...

Selon toutes probabilités, le général Ducrot est actuellement à Lembach, à Climbach et au col du Pigeonnier, se reliant avec le corps du général de Failly, à Neunhoffen ; il occupe Reichshoffen, Frœschwiller, Wœrth et le col de Pfaffenshlick, entre Lembach et Soultz-sous-Forêt.

La division Douay occupe Haguenau, Soultz-sous-Forêt, Gunstett et Seltz.

Des renseignements, venus de Neuf-Brisach aujourd'hui, disent qu'il se forme une armée considérable derrière la Forêt-Noire ; c'est là une répétition de ce qui a été dit souvent.

Strasbourg, 29 juillet.

Renseignements généraux (Rives du Rhin).

Il est parfaitement certain maintenant que le chemin de fer badois, de Achern à Fribourg, est totalement interrompu. Les rails sont enlevés en plusieurs endroits.

Le tablier de fer du pont de la Kinzig (près de Kehl) existe toujours. Les culées seules ont été détruites à coups de canon.

Les troupes wurtembergeoises sont cantonnées et

logées chez l'habitant au pied des montagnes, depuis Achern jusqu'à Offenbourg.

. . . . . . . . . . . . . . . . . . . . . . . . .

Le 5ᵉ régiment d'infanterie badoise en garnison à Fribourg, a été dirigé, le 19, sur Mannheim. Depuis le 26, il serait remplacé par un régiment d'infanterie prussienne.

De Fribourg à Donaueschingen, il n'y avait rien de saillant à noter, le 26, dans la Forêt-Noire et sur la route qui relie ces deux points.

A Donaueschingen, calme absolu. Quelques hommes isolés.

A Willingen, même calme à signaler le 26.

A Rottweil, même calme à signaler le 26.

Le 26, il n'y aurait plus à Stuttgard pour garnison qu'un régiment d'infanterie et un régiment de cavalerie formant la garde d'honneur du roi.

. . . . . A Ulm se trouvait encore une grande agglomération de troupes.

A Ludwigsbourg étaient campés, le 26, les 2ᵉ et 3ᵉ régiments d'infanterie wurtembergeoise, ainsi qu'un régiment de dragons de même nation.

A Mühlacker (le 26) : les 2ᵉ et 10ᵉ régiments d'infanterie bavaroise et le 1ᵉʳ régiment de dragons prussiens.

Le 26, il ne restait plus à Carlsruhe que le régiment de grenadiers, qui quittera avec le grand-duc, le 28. Le prince royal était annoncé pour le 27. Il devait occuper le palais ducal. Devant la porte de France campait un régiment de dragons prussiens.

A Rastadt, les 3ᵉ, 6ᵉ et 4ᵉ (en partie) régiments prussiens arrivaient : ce sont des régiments de grenadiers. Le 34ᵉ était au complet : un dépôt était à Francfort. Il y avait plusieurs batteries installées en dehors de la ville.

Le roi serait attendu pour le 29 à Francfort.

A Heidelberg, il n'y avait, le 26, que de petits détachements de troupes mixtes.

A Mannheim, le 27, il y avait les 2ᵉ (IIᵉ corps), 4ᵉ (Iᵉʳ corps) (en partie), 86ᵉ fusiliers (IVᵉ corps), et 96ᵉ régiment (IVᵉ corps) d'infanterie prussienne, plus le 4ᵉ dragons prussiens (Vᵉ corps). Les 26ᵉ et 86ᵉ d'infanterie avec 2 batteries d'artillerie partaient le même jour pour. . . . . Le 66ᵉ (IVᵉ corps), arrivé dans la nuit du 27, repartait le 28 pour. . . . .

Le même jour arrivait à Mannheim une batterie d'artillerie.

Il est à remarquer que toutes ces troupes présentes à Mannheim appartiennent généralement aux XIᵉ et IVᵉ corps prussiens (1).

A Neustadt, il y avait le 28, un détachement de 500 hommes d'infanterie prussienne. Dans la nuit du 27 au 28, beaucoup de troupes s'étaient dirigées vers Mayence.

A Germersheim (Badois, Bavarois et Prussiens), un régiment d'artillerie prussienne y était arrivé le 27.

A Landau, Badois, Bavarois et Prussiens.

A Bergzabern, le 28, un régiment d'infanterie bavaroise, un bataillon de chasseurs à pied bavarois, et le 5ᵉ régiment de dragons prussiens (XIᵉ corps).

A Schweigen, le 28, 300 hommes d'infanterie bavaroise et 100 cavaliers. . . . .

A Nollingen, en face de Rheinfelden, les habitants ont été prévenus par les autorités badoises, qu'ils auraient à rentrer leurs récoltes, en prévision d'un camp. . . . .

Des travaux s'exécutent nuit et jour, depuis Hagenbach jusqu'au pont de Maxau.

Le courrier a encore été saisi le 27 à Scheibenhardt, entre Wissembourg et Lauterbourg.

(1) On a reproduit ces chiffres tels qu'ils sont donnés par le document. Ceux qui sont entre parenthèses ont été ajoutés au crayon sur le document par le destinataire, ce qui explique la discordance qui existe entre les uns et les autres.

.... En réalité, il semble résulter de cette série de documents, que l'aile gauche de l'armée ennemie se refuse de plus en plus, que les deux quartiers généraux des deux armées se rapprochent, que les corps badois ou bavarois sont relégués en arrière, enfin, que les masses prussiennes sont concentrées dans un rayon fort rapproché de Coblentz, Mayence et Francfort. Quant aux troupes qui s'appuient à la Forêt-Noire, elles ne seraient en réalité qu'un rideau sans importance : le fait est constaté par tous les agents, qui n'ont absolument trouvé personne depuis Horb, Donaueschingen, jusqu'à Schaffhausen. Dans ce moment, pour le côté que j'observe, toute l'inquiétude semble se porter sur Landau, Germersheim, Mannheim, Maxau et Rastadt.

A l'instant, M. le directeur des douanes m'apprend qu'une nouvelle contribution vient d'être frappée hier 28 sur Lauterbourg.

*Les renseignements qui précèdent semblent être résumés et annoncés par le document ci-après :*

*Le capitaine Jung au Major général, à Metz* (D. T.) :

Strasbourg, 29 juillet, 1 h. 5, soir (n° 2384). Expédiée à 2 h. 15, soir

Arrivée du prince royal à Carlsruhe....; concentration de troupes prussiennes à Mannheim, Germersheim et Maxau. Travaux à l'ouest de Maxau et à l'est de Rastadt. J'envoie détails complets par dépêche ordinaire.

*Le commandant d'Hugues au général de Montmarie, commandant la 1re brigade de la 2e division du 1er corps :*

Camp de Seltz, 28 juillet.

(Renseignements transmis au Maréchal, au général Ducrot et au général de Septeuil, le 29 juillet.)

..... (De) Lauterbourg (un agent) chargé de renseigner l'État-Major général sur le mouvement des troupes étrangères à la frontière, nous déclare à l'instant que les Prus-

siens ont débarqué toute la nuit à la gare de Kandel.
On présume qu'un corps important se dirige sur Lauterbourg. On y a vu des hussards prussiens qui ont remplacé les Badois et les Bavarois passés en seconde ligne.

*(L'agent) de Lauterbourg, au commandant d'Hugues,
à Seltz :*

Lauterbourg, 29 juillet.

J'ai l'honneur de vous informer que, la nuit dernière,
l'ennemi n'a fait aucun mouvement extraordinaire sur
la lisière de notre frontière qu'il semble ne vouloir que
surveiller; il y a eu des patrouilles à pied et à cheval;
après l'exécution de leur mission, elles se replient toujours dans la forêt.

*Le même au même :*

Lauterbourg, 29 juillet.

Comme suite à mon rapport de ce matin, j'ai l'honneur
de vous informer qu'hier soir, vers 6 h. 1/2, trois dragons badois sont rentrés en ville à Lauterbourg : l'un se
tenait sous la porte, pendant que les deux autres par-
couraient la ville; cette incursion avait pour but évident
d'explorer la frontière et savoir des nouvelles de notre
armée.

## 2e CORPS.

*Le général Frossard au Major général.*

29 juillet.

Conformément aux prescriptions de votre dépêche
n° 58, du 27 courant, j'ai l'honneur de faire connaître à
Votre Excellence les noms des officiers d'état-major qui
composent le bureau de renseignements de mon corps
d'armée, savoir :

MM. Kienlin, chef d'escadron, chef du service;
Costa de Serda, capitaine ;
Allaire, capitaine.

J'avais déjà rendu compte de ces désignations par une dépêche, n° 142, du 24 courant.

J'aurai l'honneur de faire parvenir deux fois par jour, à votre État-Major général, le bulletin des renseignements qui auront été recueillis dans mon corps d'armée, et je joins à la présente dépêche un résumé des faits qui sont à ma connaissance jusqu'à ce jour.

*Rapport annexé à la lettre ci-dessus* (10 heures du matin).

Dans toutes les reconnaissances exécutées jusqu'à ce jour en avant des campements de Saint-Avold, Bening-Merlebach, Spicheren et Forbach, l'ennemi n'a été rencontré nulle part en force. Cela tient à ce que les Prussiens n'occupent pas la rive gauche de la Sarre ; ils y ont seulement quelques détachements dont les communications sont assurées par les ponts de Sarrebrück, Werden et Sarrelouis. Ces détachements envoient jusqu'à notre frontière de fréquentes petites patrouilles, qui échangent, soit avec nos reconnaissances, soit avec nos grand'gardes, quelques coups de fusil.

Ces petits engagements, sans grande importance, ont cependant constaté que notre armement était supérieur à celui des Prussiens, et il en résulte pour les troupes de la 2e division, qui sont plus près de l'ennemi et pour lesquels ces engagements sont plus fréquents, une confiance qui va chaque jour croissant.

On a signalé, tous ces derniers jours, une grande activité dans le service du chemin de fer qui conduit de Trèves à Sarrelouis, et de cette place à Sarrebrück et à Mayence, activité qui serait d'accord avec ce qui se dit d'une grande concentration de troupes, qui certainement se fait en arrière de Sarrebrück. Sarrelouis et Sarrebrück sont la tête de cette concentration et, dans chacune de ces villes, seraient de 4,000 à 5,000 hommes formés : à Sarrelouis, des 20e et 70e d'infanterie, avec 2 escadrons du 7ᵉ hussards, et à Sarrebrück, des 40ᶜ et 69ᵉ d'infanterie avec le restant du 7ᵉ hussards.

En arrière, des troupes, dont il est impossible de savoir la force et au sujet desquelles des évaluations très différentes ont été données, seraient échelonnées par Duttweiler, Sultzbach, Lanzweiler et Neunkirchen, jusqu'à Ottweiler et Saint-Wendel, où seraient les rassemblements les plus considérables. Toutes ces lignes seraient composées du VIIIᵉ corps et de certaines fractions de Bavarois, sous le commandement du général de Gœben. On dit même que le VIIᵉ corps est déjà en mouvement dans la direction d'Ottweiler. L'ensemble de ces troupes serait sous le commandement supérieur du général Herwarth de Bittenfeld. On parle aussi d'une assez forte concentration à Lehbach.

Dᴇʀɴɪᴇ̀ʀᴇs ɴᴏᴜᴠᴇʟʟᴇs.—Deux espions, arrivés de Sarrebrück, annoncent que les ponts de la Sarre, aussi bien ceux de l'intérieur de la ville que ceux du chemin de fer et de Wolcklingen, viennent d'être barricadés avec des traverses et des sacs à terre. Derrière chaque barricade crénelée, on a établi un tonneau de pétrole entouré de paille. A Wolcklingen, il y a un bataillon campé sous la tente.

A Duttweiler, on signale toujours une grande activité et une grande concentration d'artillerie et d'infanterie.

Les eaux de la Sarre sont plus hautes depuis quelques jours ; on aurait ouvert les écluses de Guidingen et de la Stangen-Mühle.

. . . . . Le service d'espionnage devient fort difficile, les lignes étant très sévèrement gardées. Trois hommes, partis depuis cinq jours pour aller reconnaître la position de Duttweiler, ne sont pas encore revenus.

Les renseignements ci-dessus sont le résumé de ce qui a été recueilli et des appréciations des différents commandants des divisions. Ils présentent encore de grandes incertitudes. (Bulletin n. 1.)

*Rapport du bureau des renseignements* (5 h. du soir).

Aucun renseignement nouveau n'est parvenu depuis ce matin. D'après un déserteur du 70e, en garnison à Sarrelouis, arrivé dans l'après-midi, cette place serait occupée par les 2e et 3e escadrons du 7e uhlans, par le 30e de fusiliers tout entier et 3 compagnies du 70e (à l'effectif de 180 hommes par compagnie). Les bruits de caserne parlent de forces considérables rassemblées en arrière de Sarrelouis et Sarrebrück. Ce déserteur n'a pu en dire davantage. (Bulletin n° 2.)

### DIVISION BATAILLE (à Forbach).

*Le général Bataille au général Frossard, à Saint-Avold.* (Pièce sans date, classée au 29 juillet.)

*Urgent.* — La division est réunie, reconnaissance rentrée, rien de nouveau. Elle a vu les grand'gardes ennemies et ramène 2 douaniers. La garnison de Sarrebrück comprend : le 7e uhlans, le 40e d'infanterie et un régiment arrivé cette nuit.

### DIVISION DE LAVEAUCOUPET (à Bening).

*Rapport du 28 au 29 juillet.* (Renseignements.)

Un espion a été successivement à Nassweiller, Emmersweiller, Saint-Nicolas, Carlsbronn. Les deux premiers points sont sur la route de Sarrelouis, les deux derniers à gauche de cette route. Il n'a rencontré aucune force prussienne.

Les nombreuses relations et connaissances que possède cet homme dans les villages parcourus lui ont permis d'apprendre que de grandes forces prussiennes étaient massées entre Sarrelouis et Sarrebrück, formant une armée sous le commandement du prince Charles, partie en arrière de la Sarre, le long de la chaussée du chemin de fer. Que le prince Charles, présent encore le 27 juillet, était parti du quartier général le 28 au matin. La force de cette armée est évaluée par les habitants à 200,000 hommes. On dit que le point le plus occupé est le Köllerthal, en arrière de Fielding (1), à 2 ou 3 kilomètres de la Sarre. Le Köllerthal est un pays très accidenté, très boisé, dans lequel se trouvent de nombreux puits miniers. Engelfangen et Altenkessel en sont les centres. Altenkessel, un tout petit hameau, serait, d'après les mêmes dires, le point choisi pour l'établissement du quartier général de l'armée. Le prince Charles s'y serait tenu jusqu'au 28 au matin.

Altenkessel est dans la partie la plus tourmentée du Köllerthal et offre une position défensive très belle.

Il ne passe du reste jusqu'à présent, sur la rive gauche de la Sarre, que des patrouilles et des détachements tout à fait insignifiants, atteignant tout au plus 100 ou 150 hommes; la position et la marche de ces petites troupes varie chaque jour.

Tous les Prussiens de la frontière pensent que l'intention de l'armée prussienne est de rester massée derrière la Sarre et de disputer les passages dans des positions connues, étudiées et fortifiées.

Un autre espion a été à Grande-Rosselle, où il n'a pas vu de troupes prussiennes. . . . .

Il a appris aussi, mais avec bien moins de détails, la position de l'armée prussienne derrière la Sarre et l'absence de forces considérables sur la rive gauche de ce cours d'eau.

*P.-S.* — Un troisième espion, interrogé à l'instant, confirme le dire des deux autres en ce qui concerne les

_____

(1) Wolcklingen?

patrouilles envoyées sur la rive gauche de la Sarre ; il affirme de plus que non seulement tous les ponts sont minés, mais qu'ils sont barricadés, et qu'on y a porté de la paille et des tonneaux de pétrole pour suppléer à la mine, si besoin en était. Il n'a, du reste, pu donner que peu de renseignements sur les troupes prussiennes, aucun sur les concentrations dont avait parlé le premier. Il a rencontré simplement le long de la Sarre, entre Saint-Jean et Fielding (1), le 40e et le 96e prussiens, plus des détachements de uhlans, en même temps qu'il a vu, à Duttweiler, une assez grande quantité d'artillerie.

## 3e CORPS.

*Bulletin de renseignements pour la journée du 29 juillet :*

Le commandant Lafouge, du 15e bataillon, a exécuté une reconnaissance en avant de Teterchen ; il résulte de son rapport que, positivement, il n'y a pas de rassemblement de troupes à Berus ni à Filsberg, comme on l'avait annoncé.

Un Français est allé à Sarrelouis le 27 et n'y a vu aucun rassemblement de troupes un peu considérable. (Extrait du même rapport.)

Le général de Castagny rend compte qu'(on) lui a affirmé avoir vu deux régiments prussiens, le 30e (Mayence) et le 70e (VIIIe corps) à Varden, à 6 kilomètres de Sarrelouis. Ils ont élevé un ouvrage qui est sans doute une tête de pont : on dit le pont miné ; les soldats sont sous la tente.

Au lieu de Varden, ce doit être Werden, près de Wolcklingen, au confluent de la Rosselle. Cela explique la présence de patrouilles d'infanterie à Creutzwald.

---

(1) Wolcklingen ?

*Le maréchal Bazaine au général Metman, à Volmunster:*

Boulay, 29 juillet (n° 1).

Veuillez faire prendre des renseignements détaillés sur la topographie du cours de la Sarre, entre Freme-stroff et Waldevrange. . . . . . . . . . . . . Il ne faut pas faire de reconnaissance, mais seulement prendre, aussi secrètement que possible, tous les renseignements qui concernent la nature du terrain, des berges, la profondeur et la largeur de la Sarre en ce moment. Vous me communiquerez ces renseignements, qui doivent rester absolument confidentiels.

## 4ᵉ CORPS.

*Bulletin des renseignements du 29 juillet.*
*Frontière du côté de Sierck.*

Une reconnaissance française de 3 escadrons de hussards et 1 bataillon d'infanterie est partie de Sierck le 28, à 3 heures du matin, a fouillé le village prussien de Perl, où elle a reçu cinq coups de feu, probablement tirés par des vedettes ennemies qui se sont repliées dans la direction de Borg. La même reconnaissance a aperçu à une grande distance, du côté de Besch, d'autres vedettes prussiennes.

*Saarburg* (1). — Une force ennemie assez considérable se proposerait de défendre le passage de la Sarre, à Saarburg. (Renseignements privés d'une origine douteuse, fournis à une reconnaissance.)

*Merzig.* — On confirme les renseignements indiquant que 2 régiments prussiens sont à Merzig. (Renseignements privés.)

*Frontière, du côté de Teterchen.* — Une reconnaissance de cavalerie, poussée en avant du côté de Teter-

(1) 10 kilomètres sud de Conz.

chen, ne signale de ce côté que des vedettes prussiennes.

On parle de rassemblements de troupes à Wittlich,
Bitburg et Speicher. Ces concentrations, annoncées
depuis plusieurs jours déjà par nos espions, paraissent,
d'après les renseignements les plus récents, n'atteindre
que quelques milliers d'hommes. Il y aurait à croire
que l'ennemi tend à exagérer l'importance des forces
qu'il réunit de ce côté.

*(Un agent) à Thionville au maréchal Bazaine :*

Thionville, 29 juillet.

Mes informations d'aujourd'hui sur les mouvements
des troupes prussiennes se réduisent à ceci :

Le 70ᵉ de ligne aurait quitté Sarrelouis pour se diriger sur Sarrebrück.

La place de Sarrelouis serait submergée et presque
tous les habitants auraient quitté la ville.

Des hussards du 7ᵉ et du 8ᵉ régiments seraient éche-
lonnés sur la frontière.

Beaucoup de soldats, se disant tous du 40ᵉ de ligne,
couronneraient les hauteurs qui bordent le cours de la
Sarre.

Beaucoup de militaires de la réserve se dirigeraient
sur Trèves pour s'y faire habiller.

Dans un grand nombre de villages, surtout aux environs de Conz, on aurait reçu l'ordre de préparer des
logements pour les troupes.

150 à 200 chariots et voitures, chargés de paille, etc.,
destinés la plupart au transport des blessés, se dirigeraient sur Trèves (en passant par les gares de Birken-
feld, Neunkirchen et Sarrebrück).

On amènerait des vivres, de la paille et du foin à
Wittlich, où se concentrerait la réserve.

Du côté de Remich, les soldats prussiens, poursuivis

par les Français, se seraient réfugiés, à différentes reprises déjà, sur le sol luxembourgeois.

J'attends, ce soir ou demain, des renseignements plus précis, plus affirmatifs; je m'empresserai de vous les transmettre.

*P.-S.* — On m'avise à l'instant même (5 heures du soir) que toutes les troupes restées à Trèves et aux environs de Conz se dirigeraient en ce moment sur Sarrebrück.

## 5e CORPS.

*Bulletin de renseignements :*

Sarreguemines, 29 juillet.

Le VIIIe corps paraît occuper les positions comprises entre Sarrelouis et Hombourg, par Neunkirchen; la réserve à Lehbach. Il serait sous les ordres du général de Bittenfeld. Le général Gœben commanderait à Sarrelouis, qui aurait pour gouverneur le général de Bar. (Renseignement du 27 juillet, midi; n'a pu être contrôlé. Communiqué au général Frossard.)

*29 juillet, 9 heures du matin.* — Une division moitié bavaroise et moitié prussienne, est concentrée à Saint-Ingbert.

A Sarrebrück, pas d'ouvrages de campagne, garnison ordinaire, 40e régiment (VIIIe corps) et 1/2 régiment de uhlans. La 2e portion de ce régiment était hier, dans l'après-midi, à Duttweiler, avec les bagages du 40e (environ 15 voitures).

A Friedrichsthal (N. de Duttweiler), 3e bataillon de pionniers (IIIe corps), campé près du tunnel et chargé de le détruire.

Le génie militaire conduit rapidement le chemin de fer de Kreutznach à Kaiserslautern directement.

Huit régiments, parmi lesquels étaient le 21e (IIe corps), 22e (VIe corps), 38e, 48e (IIIe corps) et 9e dragons (Xe corps), se sont dirigés il y a deux ou trois jours, de Bingen, vers le Palatinat (peut-être vers Kaiserslautern).

Les réserves rejoignaient, dans la nuit du 27 au 28, Trèves et Sarrelouis (par voie ferrée).

Peu de monde à Mannheim (vu par un déserteur). Concentration vers Landau (sans précision).

*P.-S.* — Un espion se trouve, en ce moment, à Saint-Wendel. Un deuxième est parti ce matin pour Trèves. Il ne pense pas pouvoir revenir avant mardi (1). On a cherché à assurer le contrôle immédiat.

*Le général de Failly au Major général :*

Sarreguemines, 29 juillet.

En réponse à la dépêche de Votre Excellence, en date du 27 juillet courant, j'ai l'honneur de vous faire connaître que, tout en fonctionnant depuis le 24 de ce mois, le service des renseignements n'a pu être établi d'une manière complète.

M. le commandant Perrotin, qui est chargé de sa direction, se trouve complètement seul, le nombre des officiers de l'État-Major général étant insuffisant, par suite de l'absence d'un deuxième chef d'escadron et des nécessités absolues du service général.

Néanmoins, cet officier supérieur a réuni immédiatement un certain nombre d'hommes présentant des garanties et pouvant fournir des renseignements sur les localités les plus voisines de la frontière. A présent, il commence à entrer en relation avec des personnes pouvant donner des indications plus étendues et plus sûres, ainsi que le constate le bulletin ci-joint.

Pour le moment, nous n'avons qu'un courrier par jour pour Metz, il vous portera un bulletin journalier qui paraît suffisant, en raison du temps nécessaire pour recueillir les renseignements. En cas urgent, je vous ferai passer un deuxième bulletin par le télégraphe.

Il serait nécessaire que le bureau politique reçût

_____

(1) Le 29 juillet 1870 était un vendredi.

quelques cartes photographiées, au 1/50,000°, de la Bavière et de la Prusse rhénane; celles qui ont été adressées à l'État-Major général du 5° corps étant sans cesse employées pour le service général.

*P.-S.* — Les reconnaissances faites de Bitche vers l'Est, ne permettent pas de supposer que le rapport du chef d'escadron du 2° lanciers, faisant mention du mouvement d'un corps ennemi, de Lauterbourg vers l'intérieur, soit exact.

## GARDE IMPÉRIALE.

*Le général Bourbaki au général Picard, commandant la 2° division d'infanterie de la Garde :*

Metz, 29 juillet.

*Il lui rappelle la dépêche du Major général, du 17 juillet, relative à l'organisation du service des renseignements, et le prie de lui faire connaître le nom du capitaine qui aura été désigné dans l'état-major de la 2° division.*

## RENSEIGNEMENTS TIRÉS DES JOURNAUX.

*L'Indépendant de Loir-et-Cher :*

Blois, 29 juillet.

(Correspondance spéciale de Luxembourg, 26 juillet.)

J'ai été témoin de la concentration de 60,000 hommes sur Mayence, et, dès le lendemain, Coblentz qui avait été primitivement abandonné avec une faible garnison, recevait 20,000 hommes de l'armée de Mayence. Il en a été de même pour les autres villes fortes qui gardent la route de Berlin, par le sud et par le nord. Mais le plan primitif de l'armée prussienne était de défendre le passage de la Sarre et de la Queich, qui sont les deux bases d'un quadrilatère dont le Rhin et la Moselle forment les deux autres côtés, Mayence et Francfort se trouvant au point d'intersection des deux derniers. Ce plan a été abandonné sur les avis du maréchal de Moltke. . . . .

L'état-major prussien parut alors se prononcer pour le
plan de 1866. Deux armées, l'une du Nord, l'autre du
Sud, se dirigeant séparément vers les deux points de la
frontière française, que les traités de 1815 ont ouverts à
l'ennemi par Strasbourg et par Metz. Une armée de
réserve sous les ordres du vieux roi, marchant entre les
deux. Cette manœuvre nécessitait la division des forces
de notre armée et nous interdisait l'expédition sur la
Baltique, objet de craintes très vives de la part de l'Allemagne du Nord.

*Le Précurseur d'Anvers :*

29 juillet.

On écrit des bords du Rhin, que les Prussiens concentrent l'armée du Rhin sur la frontière française, entre
Trèves et Montzingen. On s'attend à une invasion générale de l'armée prussienne du Rhin en France.

70,000 Allemands occupent Mayence ; à Cologne, il y
a un corps de 30,000 cavaliers, complètement équipés et
prêts à marcher au premier signal.

*Le Nouvelliste d'Altona :*

29 juillet.

Voici la force de l'armée française, comparée à celle
de l'armée allemande :

|  | France. | Confédération du Nord. | Sud. |
|---|---|---|---|
|  | Hommes. | Hommes. | Hommes. |
| Sur le pied de guerre.... | 460,000 | 560,000 | 106,000 |
| Réserve............. | 83,000 | 200,000 | 32,000 |
| Garde mobile.......... | 150,000 | 200,000 | 36,000 |
| TOTAUX.... | 693,000 | 960,900 | 174,000 |

1,134,000

Ce serait une erreur de croire que les forces de l'Allemagne seraient épuisées avec ce chiffre. Le nombre des
hommes en devoir et en état de servir dans l'Allemagne
du Nord s'élève en outre à 100,000.

Le total français renferme, au contraire, 150,000
gardes mobiles n'ayant encore aucune instruction militaire.

*La Gazette de Silésie :*

29 juillet.

La situation, jusqu'au jour prochain où le gros de
l'armée allemande sera sur le Rhin n'est pas telle qu'elle
puisse faire espérer grand succès aux Français. Si
l'ennemi s'avance dans le Palatinat ou dans la province
prussienne du Rhin, il réussira probablement après
quelques jours à atteindre le Rhin. Mais alors il se
trouvera devant un des fleuves les plus considérables
du continent, de l'autre côté duquel se seront massées
des forces suffisantes pour en disputer le passage.

. . . . . . . . . . . . . . . . . . . . . . . . . .

## DIVERS.

*Copie d'une lettre adressée par exprès à M. . . . . . . . ,*
*à Metz :*

Luxembourg, 29 juillet.

J'ai pu. . . . . obtenir hier, par un de mes parents que
j'avais à tous risques et périls envoyé à Trèves et à Sarrebrück, les renseignements suivants que je crois très
utile de vous transmettre :

1° Les Prussiens ont commencé leur mouvement en
avant dans la direction de Sarrebrück. Hier, a passé par
Trèves, venant de Coblentz par la grande route, une
dizaine de mille hommes, qui ont été dirigés sur Sarrebrück, où l'on s'attendait à une attaque imminente. Ce
corps de 10,000 hommes arrivant à pied par Trèves,
suivi peut-être par d'autres, coïncide sans doute avec des
corps plus importants arrivant à Sarrebrück par les voies
ferrées. Une forte pression paraît s'être produite en
Allemagne pour prendre l'offensive et éviter que les
pays allemands soient le théâtre de la guerre.

PARIS. — IMPRIMERIE R. CHAPELOT ET Cⁱᵉ, 2, RUE CHRISTINE.

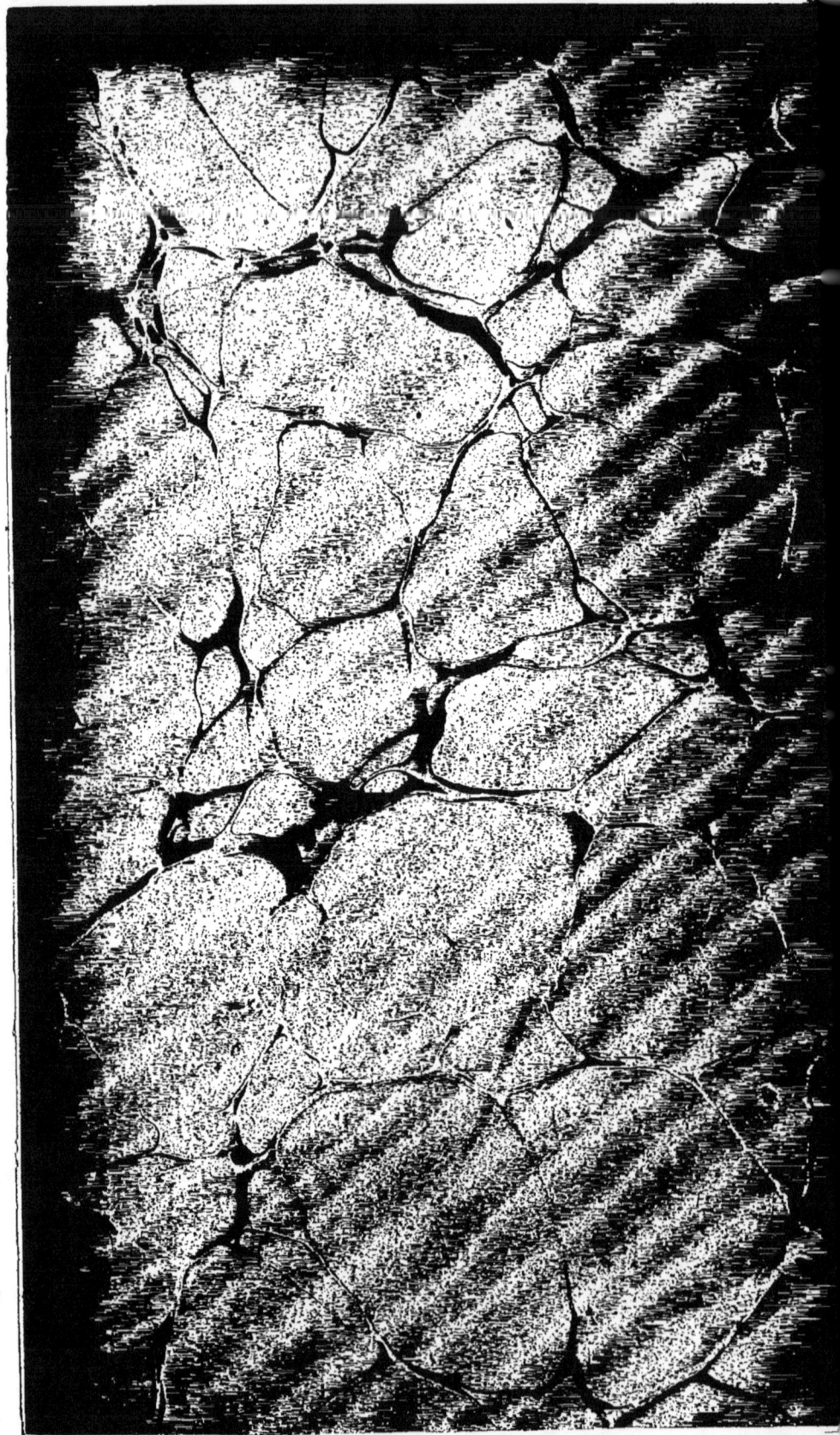

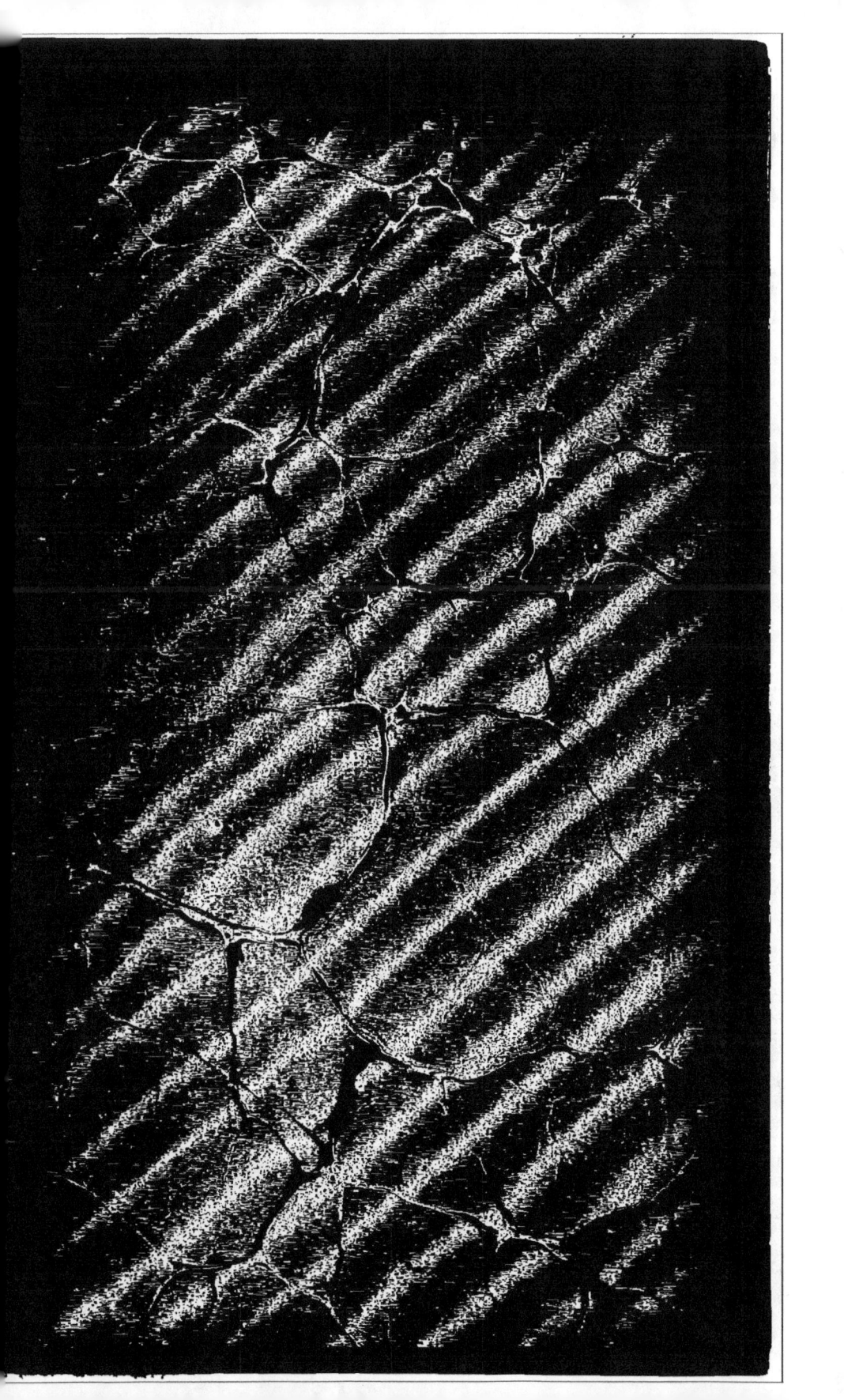

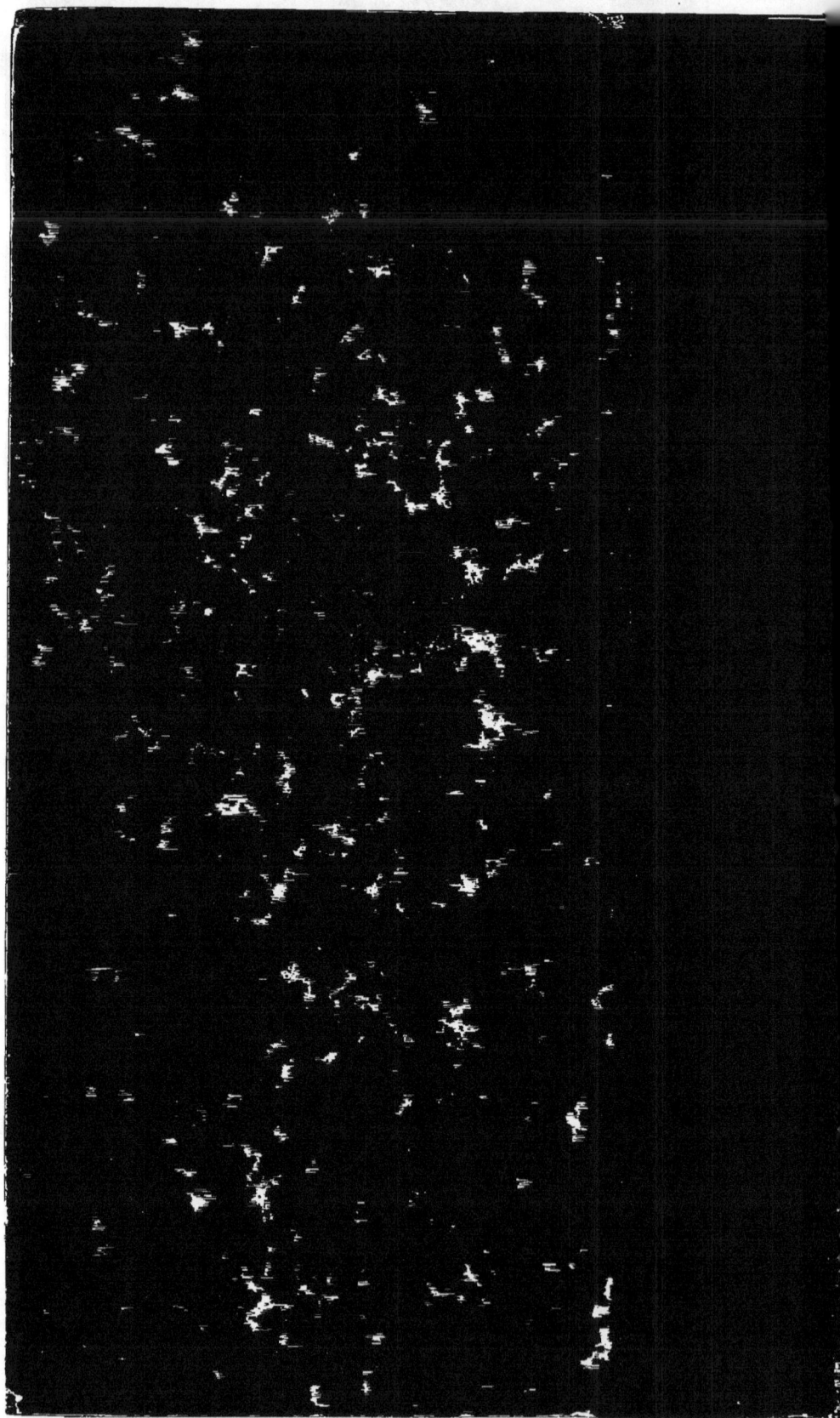

www.ingramcontent.com/pod-product-compliance
Lightning Source LLC
Chambersburg PA
CBHW072000090426

42740CB00011B/2028